ULRICH MÜLLER-BRAUN
LEGENDEN DER EINTRACHT

ULRICH MÜLLER-BRAUN

LEGENDEN DER EINTRACHT

60 SPIELER AUS JAHREN BUNDESLIGA

s\v

2. Auflage
Alle Rechte vorbehalten • Societäts-Verlag
© 2023 Frankfurter Societäts-Medien GmbH
Satz: Julia Desch, Societäts-Verlag
Umschlaggestaltung: Julia Desch, Societäts-Verlag
Umschlagabbildung: Alberto Masnovo/Shutterstock; IMAGO / Sven Simon; IMAGO / Thomas Zimmermann; IMAGO / Revierfoto
Druck und Verarbeitung: Finidr Printing House
Printed in EU 2023

ISBN 978-3-95542-442-8

Besuchen Sie uns auch im Internet:
www.societaets-verlag.de

INHALT

Die Mannschaftsaufstellung 7

Richard Kreß 14
Egon Loy 17
Willi Huberts 20
Fahrudin Jusufi 23
Jürgen Grabowski 26
Bernd Hölzenbein 32
Dieter Lindner 36
Dr. Peter Kunter 40
Horst Heese 43
Uwe Kliemann 46
Gert Trinklein 49
Karl-Heinz Körbel 52
Willi Neuberger 55
Bernd Nickel 58
Friedel Lutz 61
Norbert Nachtweih 64
Fred Schaub 67
Bruno Pezzey 70
Bum-kun Cha 73
Manfred Binz 76
Ronald Borchers 79
Ralf Falkenmayer 82
Andreas Möller 85
Wolfgang Kraus 89
Lajos Détári 92
Ulrich Stein 95
Jørn Andersen 98
Uwe Bein 101
Ralf Weber 104
Uwe Bindewald 107
Augustine Okocha 110
Anthony Yeboah 113
Oka Nikolov 116

Maurizio Gaudino	119
Ansgar Brinkmann	122
Jan Åge Fjørtoft	125
Thomas Zampach	128
Jermaine Jones	131
Christoph Preuß	134
Alex Schur	137
»Chris«-Christian Maicon Hening	140
Patrick Ochs	143
Ioannis Amanatidis	146
Benjamin Köhler	149
Christoph Spycher	152
»Caio« César Alves dos Santos	155
Sebastian Jung	158
Pirmin Schwegler	161
Alexander Meier	164
Marco Russ	167
Kevin Trapp	170
Makoto Hasebe	173
Lukáš Hrádecký	176
David Abraham	179
Ante Rebić	182
Luka Jović	185
Filip Kostić	188
André Silva	191
Sebastian Rode	194
Der 12. Mann	197
Spieler	200
Bildnachweis	206

*Spiele/S/U/N/Tore/TD/Punkte =
Spiele/Siege/Unentschieden/Niederlagen/Tore/Tordifferenz/Punkte

DIE MANNSCHAFTS-AUFSTELLUNG

Fußball ist Magie. Nicht nur, aber ganz besonders in Frankfurt am Main, wo schon immer eine ganze Region in den Bann gezogen wird. Von diesem Gänsehautfeeling. Diesem Flimmern im Stadion, wenn sich die Adler anschicken, etwas Besonderes zu leisten. Erst recht, wenn der Gegner wieder Mal auf allen Positionen so viel besser besetzt ist. Von dieser fantastischen Atmosphäre, die sich breit macht, sobald das Flutlicht angeht. Dieser Euphorie, die ein einziger Spielzug erwecken kann. Ja, auch von der tiefen Depression, die sich zeitgleich auf Zehntausende Seelen legt, wenn der Gegner doch den besseren Tag erwischt hat.

Etwas gelassener bringen zwei, die es wissen müssen, die Magie Fußball auf den Punkt. »Die Menschen gehen zum Fußball, weil sie nicht wissen, wie es ausgeht«, haben Heribert Bruchhagen, der seiner Position als hängende Spitze auch in seiner Zeit als Vorstandschef der Eintracht Frankfurt Fußball AG von Dezember 2003 bis Mai 2016 stets treu geblieben ist, und Sepp Herberger, der nicht nur die deutsche Nationalmannschaft 1954 zum Wunder von Bern führte, sondern von Dezember 1945 bis Januar 1946 die Eintracht trainierte, ihre eigene Philosophie formuliert.

Beides ausgemachte Fußballfachleute, die sehr genau wussten und wissen, von was sie reden. Nicht umsonst sind sie selbst nie losgekommen vom Fußball-Bazillus. Und doch taugt ihre Erklärung allenfalls für Wahrscheinlichkeitsrechnungen. Nicht für das, was mit den 51.500 Menschen im Stadion passiert, sobald der Schiri anpfeift.

Fußball und allen voran – schließlich geht es hier um Eintracht-Legenden – Eintracht-Spiele im Waldstadion sind mehr als ein 90-minütiges nett anzusehendes Hinterherjagen von 22 Kerlen hinter einem Ball. Und das beginnt auch nicht erst mit dem Vorglühen an der Bratwurstbude auf dem Parkplatz Gleisdreieck und den lockeren Gesprächen um die richtige Aufstellung, die passende Taktik, die Stärke des Gegners.

Wobei: Es beginnt eigentlich schon vor dem eigenen Kleiderschrank.

21. Mai 1980: Eintracht Frankfurt feiert unter Trainer Friedel Rausch mit Jürgen Pah Körbel, Horst Ehrmantraut, Werner Lorant, Bernd Hölzenbein, Bernd Nickel, Ronal (77. Fred Schaub) den UEFA-Cup-Sieg

Wenn das Trikot mit dem Lieblingsspieler herausgezupft und ehrfürchtig übergestreift wird. Ein Name. Eine Nummer. Identifikation pur. Und während das Leibchen über weibliche Rundungen oder Bierbäuchlein flutscht, beginnt die Metamorphose. Die Person verwandelt sich, wenn auch nicht ganz, so doch zumeist äußerlich durch die veränderte Körperhaltung wahrnehmbar, in eben jenen Spieler, dessen Name auf dem Rücken prangt.

Das Phänomen ist durchaus bekannt: Wer Kindern beim Kicken zuschaut und sieht, wie inbrünstig sie zu ihren eigenen fußballerischen Vorbildern werden und tatsächlich den Ball nicht mehr wegbolzen, sondern zu streicheln versuchen, weiß: Das Ritual vor dem Schrank ist auch ein Stück Erhalt der eigenen Kindlichkeit mit all ihren Fähigkeiten zu träumen und sich für eine Weile aus dem täglichen Einerlei zu verabschieden.

Wobei sich der Wechsel vom Kind im Mann zum Weltfußballtrainer im Stadion in rasender Geschwindigkeit vollzieht. Eben noch mit

runo Pezzey, Willi Neuberger, Karl-Heinz orchers, Bum-kun Cha, Norbert Nachtweih

großen Augen beim Reinkommen das famose Innenleben der grün gehaltenen Kultstätte bestaunt, wechselt der Gesichtsausdruck im Nu zum Taktikfuchs inklusive drei bis acht Stirnfalten, und der Nachbar bekommt zum x-ten mal die Kloppsche Raute in ihren Feinheiten erklärt. Die, und nebenbei auch noch, warum der Sechser besser ein Achter wäre. Oder so.

Das Gute dabei: Es sind alle gleich. Jedenfalls mehr oder weniger. Und es stimmt auch nicht, dass sich die weiblichen Fans allesamt wesentlich sanfter und weniger allwissend präsentieren. Frauen sind heute zu rund einem Drittel in den deutschen Fußballstadien vertreten und das bedeutet schlechterdings: In Frankfurt verteilen sich übern Daumen regelmäßig 34.320 Bundestrainer und 17.160 Bundestrainerinnen im Stadionrund.

Was allerdings nie passieren sollte, ist – vornehmlich bei Trägern aktueller Trikots – ausgerechnet dem Spieler zu seinem formlosen Kick vergangene Woche ein dürftiges Zeugnis auszustellen, mit dessen Namen … na ja: Sie wissen schon … das Trikot des Gegenübers beflockt ist. Weil es zwar ganz unterschiedliche Möglichkeiten gibt, zur Einzel- oder gar Kollektivlegende zu werden, aber – wenn es erst einmal einer ist, wird an dem bitteschön nicht mehr herumgekrittelt. Wenn, dann höchstens sehr maßvoll und mit diversen Erklärungen und Entschuldigungen untertitelt.

Legenden werden schließlich geboren, um zu bleiben. Und sie erhalten ihren Status deshalb auch nur selten durch Torschuss- oder Laufleistungsquoten oder noch schlimmer: prallgefüllte Bankkonten. Die Messis und Ronaldos dieser Welt sind selten und selbst sie funktionieren bei allen gigantischen Erfolgsgeschichten letztendlich auch nur über ihre persönliche Seite. Jahrzehntelang wurde Ronaldo von aller Welt außer den eigenen Fans als Gockel verunglimpft, bis sich sein soziales Engagement und seine Freistoß-Anlauf-Strategie herumgesprochen hatten. Kurz: Menscheln ist und bleibt im Stadion das höchste Gut, um von den Fans und Zuschauern (nur bei der Eintracht gibt es nahezu ausschließlich Fans) erst ins Herz geschlossen und dann auf den Thron gehievt zu werden. Dabei kann das geniale 50-Meter-ohne-Anlauf-Tor Zündfunke sein, viel erfolgversprechender aber ist der Weg, in jedem Spiel hundert Prozent und vielleicht sogar ein bisschen mehr zu geben und damit im Zweifel auch das eine oder andere spielerische Manko auszugleichen. Wer ernsthaft und echt malocht, den lieben die Fans. Basta. Auch wenn sie ihr Herz natürlich ebenso gerne mal an einen Filigrantechniker oder Torschützenkönig verlieren. Es ist eben schön, wenn du nur Alex Meier sagen musst und jeder weiß, dass du von einem Fußballgott sprichst. Und noch schöner ist es, wenn eben dieser Meier nach langer Verletzung kurz vor Ende eingewechselt wird und mit seinem Tor gegen den HSV tatsächlich einen göttlichen Funken entfacht. Er reiht sich mit diesem Momentum ein in eine lange Liste: Hölzenbeins Sitzkopfballtor, Schurs 6:3 gegen Reutlingen, Nickels Ecke gegen Sepp Maier …

Einer darf natürlich in dieser Aufzählung nicht fehlen: Jan Åge Fjørtoft, der mit seinem Übersteigertor gegen Kaiserslautern sein ganz persönliches Highlight geschaffen hat. Der aber auch für eine weitere Kategorie Legenden steht. Fußballer, die nicht nur Bälle reinhauen, sondern auch Sprüche raushauen können. Bestes Beispiel ist Fjørtofts Spruch: »Ich halte nix von Sex vor dem Spiel, besonders weil ich mir das Zimmer mit Salou teile!« Besser kannst du bei den Fans nicht punkten. Das gilt auch für die regional-angehauchte Ankündigung von Weltenbummler Kevin Prince Boateng: »Ich freue mich auf die Chance hier. Auf die Möglichkeit, und – ich hab's mir sogar aufgeschrieben: Ich will Äppelwoi probieren.«

Und auch Ansgar Brinkmanns »Das Leben ist kein bunter Teller!« und seine Nachricht auf dem Anrufbeantworter »Bin bis 5 Uhr früh in meiner Stammkneipe zu erreichen« trafen mitten in die Herzen der Fans. So wie Bernd Hölzenbeins kritische Bemerkung »Wenn das DSF den Eintracht-Chef zum Fußball-Stammtisch einlädt, drängeln sich 16 Leute an der Drehtür« ihm in der Kurve nur Zustimmung einbrachte.

Bernd Hölzenbein auf den Schultern seiner Teamkollegen Bernd Nickel, Willi Neuberger, Bruno Pezzey, Michael Sziedat und Karl-Heinz Körbel nach dem Pokalsieg 1981 gegen den 1. FC Kaiserslautern.

Womit wir auch schon bei der anderen Seite angekommen sind. Manchmal nämlich ist es besser, zu schweigen. Andreas Möllers berüchtigter Satz »Mailand oder Madrid – egal – Hauptsache Italien« hätte man sicher verziehen. Ebenso wie die Tatsache, dass der wohl nach Titeln erfolgreichste Eintrachtler aller Zeiten einen Großteil dieser Schalen und Pokale im Trikot anderer Mannschaften eingeheimst hat. Dass selbst in Frankfurt geborene Fußballer Anspruch darauf haben, auf der Karriereleiter ein Stückchen höher hinaus zu gelangen, sehen die Fans nicht anders. Selbst bei einem Möller nicht. Wenn er denn klaren Wein eingeschenkt hätte. Mit Kevin Trapps kurzem, aber erfolgreichem Gastspiel in Paris hatte die Anhängerschaft genau deshalb kein Problem, weil Trappo nicht mit falschen Liebeserklärungen, sondern mit klaren Aussagen glänzte. Wohl wissend, dass man sich auch im Fußball durchaus zwei Mal im Leben begegnen kann. Da haben die Fans anständig gewunken und sich über die Rückkehr des Keepers unbelastet freuen können. Ebenso wie auf die Rückkehr von Marco Russ, der nach Wolfsburg gegangen war, um ein paar Millionen in die marode Vereinsschatulle zu bringen. Falsche Treueschwüre aber verkehren vieles nicht nur in der Kurve ins Gegenteil. Davon können auch Jermaine Jones oder Adi Hütter ein Lied singen. Mit anderen Strophen freilich als Niko Kovač, der seinen holprigen Abgang zu den Bayern mit dem Pokalsieg gegen eben jene 2018 gewissermaßen wieder formvollendet zurechtrückte.

Apropos: Lied singen. Wer es als Spieler in einen Liedtext oder Anfeuerungsgebrüll schafft, also früher sozusagen den kompletten G-Block, heute die Nordwesttribüne samt Anreinern vor allem auf der Gegengeraden zu einem gigantischen Chor zu machen, zieht in den Fußballolymp ein. Beispiele dafür gibt es eine Menge. »Schön ist es auf der Welt zu sein, sagt der Nickel zu dem Hölzenbein, ich und du, du und ich, wir werden ewig bei der Eintracht sein!«, sang die Kurve in den 1970er und 1980er Jahren. Unterbrochen hin und wieder von einem langgezogenen »Wiiiilli«, wenn Neuberger lospreschte.

Später hallte ein »Uwe Bindewald, schalalalala« als Muntermacher durchs Stadion, oder die Fans machten es kurz und knapp »Alex Meier Fußballgott« folgte Thomas Zampach auf den Thron.

In den Tempel der Verehrung schließlich schaffte es Jürgen Grabowski. »Schwarz-weiß wie Schnee, das ist die SGE« bildet bei jedem Heimspiel der Eintracht neben »Im Herzen von Europa«, dem einzigen von einem Polizeichor gesungenen Vereinslied, den musikalischen Auftakt zum Spiel.

Im August beginnt die 60. Saison der Fußball Bundesliga, und dies haben wir zum Anlass genommen, zu jedem Jahr eine Spielerlegende auszuwählen und zu porträtieren. Von Richard Kreß bis zu Sebastian Rode. Wobei als 60. Spieler bewusst der 12. Mann gewählt

18. Mai 2022: Eintracht Frankfurt gewin (58. Makoto Hasebe), Almamy Touré, Eva Sebastian Rode (90. Kristijan Jakić), Fi

wurde. Weil die Fans enormen Anteil an den Erfolgen der Eintracht gerade auf internationaler Bühne hatten und haben werden. Und natürlich auch, weil noch nicht so richtig feststeht, wer in der Saison 2022/23 das Zeug zur Legende haben könnte. 15 Abgängen stehen 12 Zugänge gegenüber (Stand heute, 15. Juli 2022, um es mit Niko Kovač zu sagen). Mario Götze und Lucas Alario könnten auf den ersten Blick Legendenstatus erringen. Der dribbelstarke Jens Petter Hauge wird an den 12 Millionen Euro Ablösesumme erst einmal schwer zu tragen haben – Cajo lässt grüßen. Schwerer Balast.

...ter Trainer Oliver Glasner gegen die Glasgow Rangers mit Kevin Trapp, Tuta ...Dicka (100. Christopher Lenz), Ansgar Knauff, Djibril Sow (106. Ajdin Hrustić), ...stić, Jesper Lindstrøm (70. Jens Petter Hauge), Daichi Kamada und Rafael Borré das Europa League Finale in Sevilla.

Und natürlich werfen wir auch einen Blick zurück auf die Spielzeiten, in denen die Adler zwei Mal sehr knapp an der Schale vorbeigeschrammt sind. Manche sagen sogar drei Mal. Die Mannschaft steht auf Platz 8 der ewigen Bundesligatabelle mit 660 Siegen, 460 Unentschieden und 678 Niederlagen. Macht mit 2820:2782 Toren 2.438 Punkte. Im DFB-Pokal steht man als Fünfter mit 8 Finalteilnahmen und 5 Siegen noch ein wenig besser da.

Bleibt noch eins: 490 Spieler kamen *(Stand 30. Juni 2022)* für die Eintracht seit Gründung der Bundesliga 1963 zum Einsatz. Sprich: Für 430 davon war nach der einfachen Rechnung 60 Jahre Fußball-Bundesliga = 60 Spieler in diesem Buch kein Platz. Im Herzen allerdings schon. Viele haben dabei ein Spiel oder nur wenig mehr absolviert. Wenn sie fehlen, wird keiner ernsthaft böse sein. Bei vielen anderen lag die Entscheidung auf der Hand. Bei gut zwei Dutzend Spielern aber habe ich mit mir gekämpft. Und ich bin sicher, ein anderer hätte bei dem einen oder anderen umentschieden. Deshalb sind sie alle hinten aufgelistet. So fehlt keiner hier und jeder Leser kann, so er denn will, seine eigenen Legenden finden und in Erinnerungen schwelgen.

»DER BODENSTÄNDIGE«

RICHARD KRESS
1963/64

SAISONRÜCKBLICK

Mit einem 20-köpfigen Kader startet die Eintracht am 24. August 1963 in das Abenteuer Bundesliga. Vor 30.000 Zuschauern spielt der hoch gehandelte Meister von 1959 aber nur 1:1 gegen Kaiserslautern – erster Bundesliga-Torschütze wird Schämer vom Punkt – und kommt auch in den nächsten Begegnungen nur schwer in Schwung. Erst am fünften Spieltag platzt bei den Adlerträgern der Knoten beim 3:0 gegen Braunschweig.

Es folgen 15 Siege, sechs Unentschieden und nur noch eine Niederlage (0:1 in Nürnberg) und nach 30 Spieltagen mit 39:21 Punkten Platz 3. Hinter Meister Köln und gleichauf mit dem Meidericher SV, der auf-

AUF EINEN BLICK
*SPIELE/S/U/N/TORE/TD/PUNKTE:
3. Platz
30 | 16 | 7 | 7 | 65:41 | 1,59 | 39:21

TOPSPIELER DER MANNSCHAFT:
Dieter Lindner (Kicker-Note 2,14)

BESTER TORSCHÜTZE:
Wilhelm Huberts (19 Treffer)

HÖCHSTER SIEG:
7:0 gegen Werder Bremen

HÖCHSTE NIEDERLAGE:
1:4 in Bremen

ZUSCHAUERSCHNITT: 26.500

BESONDERES:
Ex-Eintrachtler und Co-Trainer Ivica Horvat löst im April den erkrankten Meistertrainer Paul Osswald ab.

»Ich war immer ein Trainingsbesessener, mir konnte das Training nie hart genug sein!« Richard Kreß

grund des in der Bundesliga bis zur Saison 1969/70 geltenden Torquotienten Vizemeister wird.

Absteigen müssen Preußen Münster und der 1. FC Saarbrücken.

Auch im Pokal schrammt die Eintracht nur knapp am Titel vorbei. Nach zum Teil sehr klaren Siegen gegen den VfL Wolfsburg (2:0), Hessen Kassel (6:1), Schalke 04 (2:1) und Hertha BSC (3:1) muss sich die Mannschaft im Finale in Stuttgart den Münchner Löwen mit 0:2 geschlagen geben.

RICHARD KRESS

(*6. März 1925 in Niesig; † 30. März 1996 in Frankfurt am Main)

DER BESONDERE MOMENT

Richard Kreß bringt die Eintracht am 18. Mai 1960 vor 127.500 Zuschauern im Glasgower Hampden Park in der 18. Minute des Finales des Europapokals der Landesmeister gegen Real Madrid mit 1:0 in Führung. Elf Minuten lang hält der Traum. Dann gleicht di Stefano aus. Endergebnis: 3:7.

Richard Kreß wurde am 6. März 1925 in Niesig geboren und begann seine Karriere beim Fuldaer Traditionsverein FV 1910 Horas. Dort spielte der »Blitz von Horas« von 1935 bis 1953.

Nach seinem Wechsel nach Frankfurt 1953 war der gelernte Drogist zunächst bei den Gasolin-Werken angestellt. Später betrieb er gemeinsam mit seiner Frau Inge eine Drogerie am Oeder Weg. Von dort – Übereinstimmungen mit der Lebensgeschichte von Helmut Rahn in Essen sind nicht zufällig – fuhr er regelmäßig mit der Straßenbahn zum Training an den Riederwald.

Insgesamt bestritt der Rechtsaußen zwischen 1953 und 1964 573 Spiele für die Eintracht, erzielte 186 Treffer und wurde 1959 zwei Monate nach seinem 34. Geburtstag Deutscher Fußballmeister mit der Eintracht durch das 5:3 n.V. gegen Kickers Offenbach in Berlin. Er gehörte am 24. August 1963 zur Startelf im ersten Bundesligaspiel der Eintracht und war mit 38 Jahren der älteste aktive Spieler der Ersten Liga. Am 29. Februar 1964 wurde er mit seinem Einsatz beim Auswärtsspiel in Köln beim FC mit 38 Jahren und 360 Tagen zum ältesten Spieler von Eintracht Frankfurt, der je ein Bundesligaspiel bestritten hat. Seine Nationalmannschaftskarriere begann am 19. Dezember 1954 bei einem Länderspiel in Portugal. Nach sechsjähriger Pause erfolgte die erneute Berufung durch Sepp Herberger für das Qualifikationsspiel gegen Nordirland am 26. Oktober 1960. Danach spielte Kreß weitere sieben Mal für Deutschland – darunter sämtliche Qualifikationsspiele zur WM 1962 in Chile. Seine beiden Tore im Nationaldress erzielte er beim 5:1 gegen Dänemark und beim 2:1 gegen Nordirland.

NACHSPIELZEIT

Nachdem ein Fan die Eintracht darauf aufmerksam gemacht hatte, dass das Grab von Richard Kreß auf dem Frankfurter Hauptfriedhof im Jahr 2021 nach 25 Jahren geräumt werden würde, hat Eintracht-Museumsleiter Matthias Thoma über die Familie des Ex-Eintracht-Spielers Dieter Stinka Kontakt mit der Familie von Richard Kreß hergestellt. Mit einem guten Ergebnis: Die Eintracht hat die Patenschaft für das Grab übernommen und organisiert zudem die Pflege.

»DER PANTHER«

EGON LOY
1964/65

SAISONRÜCKBLICK

Wieder startet die Eintracht nur mit einem Remis (2:2 gegen Schalke 04) in die Saison, aber im zweiten Spiel erfolgt die Revanche für das verlorene Pokalendspiel gegen 1860 München wenige Wochen zuvor. Lange währt die gute Stimmung allerdings nicht. Schon am fünften Spieltag geht es durch das 0:7 vor eigenem Publikum gegen Karlsruhe abwärts. Am Ende sorgen nach einem Zwischenhoch (Platz 6) sieben sieglose Spiele in Folge für einen Platz im grauen Mittelfeld. Meister wird Werder Bremen vor Köln und Dortmund. Da die Liga auf 18 Vereine aufgestockt werden soll, müssen Karlsruhe und Schalke 04 nicht absteigen. Im Gegensatz zu Hertha BSC. Die Berliner steigen als bis heute einziger Bundesligist wegen der Zahlung zu hoher Gehälter und Handgelder zwangsweise ab.

Im Messepokal scheidet die Eintracht gegen den schottischen Vertreter FC Kilmarnock nach einem 3:0 im Hinspiel noch aufgrund einer 1:5-Niederlage im Rückspiel aus.

Und auch im DFB-Pokal ist im Achtelfinale – 1:2 vor eigenem Publikum gegen Schalke 04 – zeitig Feierabend.

EGON LOY
(*14. Mai 1931 in Schwabach)

DER BESONDERE MOMENT

Im Punktspieldebüt von Egon Loy am 22. August 1954 gewinnt die Eintracht zum ersten Mal nach Kriegsende auf dem Bieberer Berg.

AUF EINEN BLICK

SPIELE/S/U/N/TORE/TD/PUNKTE:
8. Platz
30 | 11 | 7 | 12 | 50:58 | -8,6 | 29:31

TOPSPIELER DER MANNSCHAFT:
Egon Loy (Kicker-Note: 2,10)

BESTER TORSCHÜTZE:
Wilhelm Huberts (9 Treffer)

HÖCHSTER SIEG:
4:1 gegen 1860 München

HÖCHSTE NIEDERLAGE:
0:7 gegen den Karlsruher SC

ZUSCHAUERSCHNITT: 22.561

BESONDERES:
Beim 0:7 gegen Karlsruhe muss Ludwig Landerer bereits nach 13 Minuten das Feld verletzt verlassen. Da die FIFA erst seit 1967 erlaubt, dass wenigstens ein verletzter Spieler pro Mannschaft ersetzt werden darf, spielt die Eintracht mit einem Mann weniger weiter.

»Wir waren keine Millionäre, aber glücklich!«
Egon Loy in einem F.A.Z.-Interview

»Der Sieg war mein schönstes Hochzeitsgeschenk«, soll er danach gesagt haben.

Den Beginn seiner Karriere erlebte Egon Loy in Schwabach bei Nürnberg. Von 1950 bis 1954 spielte er mit seinem Heimatverein in der höchsten Amateurklasse von Bayern. Zur Runde 1954/55 wechselt der hochaufgeschossene Torhüter zur Eintracht und hütete bis 1967 den Frankfurter Kasten.

Bei der Eintracht landete Loy trotz anderen Anfragen auch, weil er in der süddeutschen Fohlenmannschaft mit Hansi Weilbächer und

mals alles sehr gut organisiert und für mich eine gute Wahl«, erinnerte sich Loy anlässlich seines 90. Geburtstages.

Mit der Eintracht holte er am 28. Juni 1959 die Deutsche Meisterschaft und stand bei allen Europapokalspielen zwischen den Pfosten. Sein letztes Spiel für die Eintracht bestritt der damals 35-jährige Routinier am 8. Oktober 1966 gegen den MSV Duisburg.

Der »Panther«, wie Dieter Lindner Loy wegen dessen schwarzem Pullover nannte, absolvierte bis 1967 insgesamt 278 Ligaspiele, 17 Begegnungen in der Endrunde um die Deutsche Meisterschaft, 33 Pokalpartien und 7 Europapokalauftritte. Gemeinsam mit seiner Frau Irmgard wohnt er in Oberursel und ist oft bei Heimspielen in der Loge der Meistermannschaft anzutreffen.

Hermann Höfer zusammengespielt hat und sich die Eintracht um den Keeper sehr bemühte. »Die Eintracht hat mir in Frankfurt bei der Metallgesellschaft eine Arbeitsstelle vermittelt. Das war da-

NACHSPIELZEIT

Zum 90. Geburtstag von Egon Loy erinnerte sich die Torwart-Legende: »Als wir 2019 bei der 120-Jahr-Feier im Stadion von den Fans euphorisch gefeiert wurden für einen Sieg, der über 60 Jahre her ist, war das für uns alle ein großer Moment.«

»DER ERSTE ÖSTERREICHER«

WILLI HUBERTS
1965/66

SAISONRÜCKBLICK

Nach dem mittelmäßigen Abschneiden im Vorjahr greift die Eintracht zum Wundermittel Trainerwechsel. Als Coach der niederländischen Nationalmannschaft und von Europapokal-Finalist Benfica Lissabon bringt Elek Schwartz internationales Flair in den Stadtwald. Er stellt das System auf das modernere 4-2-4 um. Aber nicht nur deshalb zeigt die Eintracht ein stark verändertes Gesicht.

AUF EINEN BLICK

SPIELE/S/U/N/TORE/TD/PUNKTE:
7. Platz
34 | 16 | 6 | 12 | 64:46 | 1,39 | 38:30

TOPSPIELER DER MANNSCHAFT:
Peter Kunter (Kicker-Note: 1,80)

BESTER TORSCHÜTZE:
Wilhelm Huberts (17 Treffer)

HÖCHSTER SIEG:
6:0 gegen den 1. FC Kaiserslautern

HÖCHSTE NIEDERLAGE:
0:4 beim Karlsruher SC

ZUSCHAUERSCHNITT: 27.118

BESONDERES:
Nach dem Lizenzentzug für Hertha BSC erhält Tasmania Berlin eine politisch motivierte Wildcard, damit ein Berliner Verein in der höchsten Spielklasse vertreten ist.

»Der Willi war ein eleganter, außergewöhnlicher Spieler, intelligent und schillernd.«

Jürgen Grabowski im Buch »Adler auf der Brust«

Mit Grabowski, Wirth, Kunter, Lotz und Rückkehrer Sztani stehen fünf Neuzugänge im Kader.

Allerdings sorgen alle Veränderungen unterm Strich nicht für den erhofften sofortigen Aufschwung. Zwar gewinnt die Eintracht erstmals das »Eröffnungsspiel« (2:0 gegen den HSV), doch danach folgt das gewohnte Auf und Ab. Immerhin: Vier Siege am Ende der Runde ermöglichen einen halbwegs versöhnlichen Saisonabschluss auf Platz 7.

Auch im DFB-Pokal muss die Mannschaft nach einem 1:2 gegen den 1. FC Nürnberg früh die Segel streichen.

Meister wird der TSV 1860 München vor Borussia Dortmund und dem FC Bayern München. Absteiger sind Tasmania Berlin und Borussia Neunkirchen.

WILHELM HUBERTS
(*22. Februar 1938 in Voitsberg; † 4. März 2022)

DER BESONDERE MOMENT

Der 1,79 große Stürmer trägt meist die Nummer 10 und spielt am Ende seiner sieben Frankfurter Jahre eine Art Libero, lange vor Franz Beckenbauer.

Willi Huberts, der am 22. Februar 1938 in der Steiermark geboren wurde, kam im Sommer 1963 vom Grazer AK über den AS Rom und Hungaria New York nach Frankfurt, war der erste Österreicher und einer von nur vier Ausländern überhaupt in der Liga. Auch wenn er vom Kicker in seiner ersten Spielzeit nur mit einer Durchschnittsnote von 2,34 bewertet wurde, gelangen dem damals 25-Jährigen auf Anhieb 19 Tore. Im Jahr darauf 9 und dann noch einmal 17. Damit war er in den ersten drei Liga-Jahren jeweils bester Torschütze der Eintracht und Star der Mannschaft. Insgesamt bestritt er für die Eintracht 272 Pflichtspiele, in denen er 95 Tore erzielte.

1970 kehrte Huberts, der in Frankfurt in der Schillerstraße ein Sportgeschäft betrieben hatte, nach Österreich zurück. Er verstarb am 4. März 2022 im Alter von 84 Jahren.

NACHSPIELZEIT

Österreichische Fußballer durften Mitte der 1960er Jahre erst ab 27 Jahren ins Fußballausland gehen. Willi Huberts wählte deshalb den Weg über Amerika. Mit dem Wechsel nach New York lag jedoch seine Karriere im Nationalteam wegen der fehlenden Verkehrsmöglichkeiten auf Eis. Auch nach seinem Wechsel nach Frankfurt gab es keine Einberufungen mehr, da in den 1960ern Spieler nur für große Turniere freigestellt wurden.

»DER FUSSBALL-ANARCHIST«

FAHRUDIN JUSUFI 1966/67

AUF EINEN BLICK

SPIELE/S/U/N/TORE/TD/PUNKTE:
4. Platz
34 | 15 | 9 | 10 | 66:49 | 1,35 | 39:29

TOPSPIELER DER MANNSCHAFT:
Peter Kunter (Kicker-Note: 2,13)

BESTER TORSCHÜTZE:
Wolfgang Solz (12 Treffer)

HÖCHSTER SIEG:
5:0 gegen Rot-Weiss Essen

HÖCHSTE NIEDERLAGE:
0:3 beim VfB Stuttgart und bei Werder Bremen

ZUSCHAUERSCHNITT: 26.529

BESONDERES:
Meister Eintracht Braunschweig schafft es, in der Hälfte aller Spiele ohne Gegentor zu bleiben. Und: Im Januar 1967 wird der Meidericher SV offiziell in MSV Duisburg umbenannt.

SAISONRÜCKBLICK

Sieben Jahre nach der Deutschen Meisterschaft scheint die Mannschaft auf einem guten Weg. Voraussetzung für die Stärke bildet auch ein für damalige Zeit beträchtliches Trainingspensum, das sich kaum noch von dem englischer oder italienischer Profis unterscheidet. Mit Lutz, Trimhold und Lechner haben Stammkräfte den Verein verlassen, doch vor allem die Verpflichtung des jugoslawischen Nationalspielers Fahrudin Jusufi erweist sich als Glücksgriff. Der Olympiasieger von 1960 findet sich als Regisseur problemlos in das Team ein.

Nach drei Siegen hintereinander wird die Eintracht prompt als Favorit für das Bundesligajahr gehandelt. Zu Recht: Bis zum 31. Spieltag steht die Mannschaft von Trainer Elek Schwartz punktgleich mit Braunschweig an der Spitze, erst dann lassen zwei Niederlagen und ein Remis die Mannschaft straucheln und am Ende bleibt nur Platz 4 hinter Meister Eintracht Braunschweig, 1860 München und Borussia Dortmund. In die Regionalliga West absteigen müssen Rot-Weiss Essen und Fortuna Düsseldorf.

Bitter: Im DFB-Pokal verliert man die Qualifikation gegen den KSV Hessen Kassel am 31. Dezember 1966 mit 2:6. Im Messepokal ist Dinamo Zagreb im Halbfinale Endstation.

FAHRUDIN JUSUFI

(* 8. Dezember 1939 in Dragaš, Königreich Jugoslawien; † 9. August 2019 in Belgrad, Serbien)

»Wir brauchen keinen Beckenbauer, wir haben einen Ju-Ju-Jusufi!!!«

Eintracht-Fans in den 1960ern

DER BESONDERE MOMENT

»Fahri ist ein Pfundskumpel, und ihn umgibt stets etwas Spitzbübisches. Manchmal hat man das Gefühl, er würde einem Gegner, dem er den Ball vom Spann gespitzelt hat, um dann mit drei Haken zu entwischen, am liebsten noch wie ein Lausbub eine lange Nase drehen«, schwärmte die Eintracht-Zeitung.

Fahrudin Jusufi begann seine Karriere 1957 als Abwehrspieler im Team von Partizan Belgrad, mit dem er vier Mal Jugoslawischer Meister wurde. 1966 gelang auch der Einzug ins Endspiel des Europapokals der Landesmeister, das Partizan aber knapp mit 1:2 gegen Real Madrid verlor.

Danach wechselte er zur Eintracht, wo er bis 1970 in 111 Erstligaeinsätzen »nur« zwei Tore erzielte.

Nur – denn Jusufi galt als einer der ersten Offensivverteidiger, der sich gerne am Spielaufbau beteiligte. Der Publikumsliebling eröffnete später seine eigene Gaststätte »Zum Jusufi«.

Er starb am 9. August 2019 im Alter von 79 Jahren in Belgrad.

NACHSPIELZEIT

Für manchen galt Jusufi als »Fußball-Anarchist«. So soll Eintracht-Präsident Dieter Lindner die Frage, ob der Klub nicht einen Trainer suche, mit dem Satz »Sie waren doch immer am anderen Strafraum, wenn bei uns die Gegentore fielen«, beantwortet und abgesagt haben.

»GRABI«

JÜRGEN GRABOWSKI
1967/68

Wir haben die Eintracht im Endspiel gesehn mit dem Jürgen, mit dem Jürgen. Sie spielte so gut und sie spielte so schön mit dem Jürgen Grabowski!

Strophe aus dem Fanlied »Schwarz-Weiß wie Schnee« der Frankfurter Band Tankard, das vor jedem Heimspiel gesungen wird.

AUF EINEN BLICK

SPIELE/S/U/N/TORE/TD/PUNKTE:
6. Platz
34 | 15 | 8 | 11 | 58:51 | 1,14 | 38:30

TOPSPIELER DER MANNSCHAFT:
Fahrudin Jusufi (Kicker-Note: 1,97)

BESTER TORSCHÜTZE:
Walter Bechtold (12 Treffer)

HÖCHSTER SIEG:
4:0 gegen VfB Stuttgart

HÖCHSTE NIEDERLAGE:
0:5 beim TSV 1860 München

ZUSCHAUERSCHNITT: 20.159

BESONDERES:
Bei der EM-Endrunde in Italien entscheidet am 5. Juni 1968 nach dem torlosen Remis zwischen Italien und der Sowjetunion ein Münzwurf, wer von beiden Mannschaften ins Finale einziehen durfte. Dies wurde von allen Beteiligten als große Ungerechtigkeit empfunden und nie wieder in einem internationalen Wettbewerb angewandt.

SAISONRÜCKBLICK

Die Eintracht verdient sich in der Hinrunde der Saison 1967/68 ihren Künstlernamen »Diva vom Main«. Schon die ersten fünf Spiele – 0:4 in Stuttgart, 5:3 gegen Bremen, 1:1 in Kaiserslautern, 1:2 gegen Nürnberg und 1:0 in Duisburg – zeigen die wilde Achterbahnfahrt, die bis Weihnachten anhalten soll. Von der Fachwelt als Titelanwärter eingestuft, steht die Mannschaft zur Halbzeit nur auf Platz 14, fünf Punkte vor dem Abstiegsrang. Allerdings: In der Rückrunde findet die Mannschaft unter Schwartz in die Spur zurück und holt mit 24 Punkten sogar 4 Punkte mehr aus 17 Spielen als Meister Nürnberg und landet auf Platz 6.

Im Messepokal ist bereits in der ersten Runde nach zwei Niederlagen gegen Nottingham Forest Schluss, im DFB-Pokal gelingt ein 2:1-Sieg nach Verlängerung beim 1. FC Schweinfurt. Im Achtelfinale reicht es zwar zu einem 1:1 in Köln, doch das nötige Wiederholungsspiel gewinnt der FC mit 1:0 in Frankfurt.

JÜRGEN »GRABI« GRABOWSKI

(* 7. Juli 1944 in Wiesbaden; † 10. März 2022 in Wiesbaden)

DER BESONDERE MOMENT

»Ikone. Legende. Ehrenspielführer. Jürgen Grabowski war all das – und noch viel mehr. Dass er jetzt, am Donnerstagabend, im Alter von 77 Jahren gestorben ist, ist ein großer Schlag und ein immenser Verlust. Nicht nur für seinen Verein, für die Frankfurter Eintracht. Sondern für alle Fußballfreunde, denen der Ästhet Grabowski unzählige schöne Stunden bereitet hat«, hat F.A.Z.-Sportredakteur Ralf Weitbrecht zum Tod von Jürgen Grabowski geschrieben und so vielen, wenn nicht allen aus dem Herzen gesprochen. Besondere Momente mit »Grabi«, da hat jeder zwei Dutzend eigene. Mindestens.

Dass Jürgen Grabowski überhaupt einmal den Verein wechselte, hatte nur damit etwas zu tun, dass sein Heimatverein, der SV Biebrich

1919, bei dem er mit acht Jahren zum ersten Mal gegen den Ball trat, keine Mannschaft mehr stellen konnte. Also ging der 16-Jährige zum Nachbarverein FV Biebrich 1902 und holte dort prompt mit der A-Jugend wenig später die Vize-Hessenmeisterschaft.

Erst mit 21 Jahren wechselte der Mittelfeldmann 1965 zur Eintracht und war in 441 Bundesligaspielen, in denen er 109 Tore schoss, 45 DFB-Pokal-Spielen mit 19 Toren, 40 Europapokaleinsätzen mit 9 Toren und 6 Spielen in der Intertoto-Runde mit 3 Toren 15 Jahre lang genialer Taktgeber der Mannschaft. Mit der Eintracht wurde er 1974 und 1975 Pokalsieger, und auch am UEFA-Pokal-Triumph hatte er großen Anteil. Auch wenn Grabi bei den Finalspielen gegen Mönchengladbach verletzt zuschauen musste. Lothar Matthäus hatte ihn am 15. März 1980 in Diensten des späteren Finalgegners Gladbach durch eine Grätsche so schwer verletzt, dass Grabowski seine Karriere beenden musste.

Der Eintracht blieb er auch danach noch lange treu. So war er Ehrenspielführer der Eintracht in der Saison 1983/84 zusammen mit Klaus Mank wie schon in der Saison 1977/78 kurzzeitig Interimstrainer.

Für die deutsche Fußballnationalmannschaft bestritt Grabowski 44 Länderspiele, erzielte dabei fünf Treffer und nahm an drei Fußball-Weltmeisterschaften und einer Europameisterschaft teil. Wobei Bundestrainer Helmut Schön sehr früh auf den Wiesbadener aufmerksam wurde und ihn mit 21 Jahren ins Nationalteam berief. Bei der Weltmeisterschaft 1966 in England wurde er mit der Nationalmannschaft Vize-Weltmeister, bestritt allerdings kein einziges Spiel. Sicher auch, weil diese WM noch ohne Auswechslungen gespielt wurde. Nach vier Jahren Pause feierte er 1970 sein Comeback und schaffte bei der WM in Mexiko den endgültigen Durchbruch als Nationalspieler. Dabei erwarb er sich den Ruf als »bester Auswechselspieler der Welt«. Und das, obwohl er im sogenannten Jahrhundertspiel gegen Italien, in dem er Sekunden vor Schluss die Flanke auf Schnellinger schlug, der dann mit dem 1:1 die Verlängerung erkämpfte, von Beginn an auf dem Platz stand. Wobei Grabi als Einwechselspieler in der Tat beim Viertelfinalspiel gegen England wesentlich für den Umschwung verantwortlich war.

Er gehörte nach der WM zur Stammformation, spielte in allen EM-Qualifikationsspielen und war Teil der Mannschaft, die im Viertelfinalhinspiel am 29. April 1972 im Wembley-Stadion mit überragendem Fußball 3:1 gegen England gewann und oft als die beste deutsche Nationalmannschaft aller Zeiten bezeichnet wird. Nach dem EM-Titel – im Finale stand er selbst nicht auf dem Platz – folgte zwei Jahre später der WM-Titel. Dabei schoss Einwechselspieler Grabowski in der zweiten Finalrunde im dramatischen Spiel gegen Schweden (4:2) das vorentscheidende Tor zum 3:2 und wurde zum Matchwinner. Das 2:1 im Finale gegen die Niederlande, in dem er zu den besten Spielern gehörte, fand an seinem 30. Geburtstag statt und war sein letztes Länderspiel. Auch spätere Versuche, ihn von der Rücknahme seines Rücktritts zu überzeugen, schlugen fehl. Im Winter 1977/78 wurde Grabowski in der Rangliste des deutschen Fußballs als Weltklasse eingestuft.

Am 8. April 2022 gab Eintracht Frankfurt die bevorstehende Umbenennung der Gegentribüne des Deutschen Bank Parks nach Jürgen Grabowski bekannt.

Jürgen Grabowski brach sich bei einem Sturz im Bad den Oberschenkel, worauf er in ein Wiesbadener Krankenhaus eingeliefert wurde. Dort starb er im Alter von 77 Jahren nach einer Operation am Oberschenkel an Multiorganversagen und wurde in seiner Heimatstadt auf dem Friedhof von Biebrich beigesetzt.

NACHSPIELZEIT

Das Heimspiel der Eintracht gegen den VfL Bochum am 13. März 2022, drei Tage nach dem Tod von Jürgen Grabowski, stand ganz im Schatten der Trauer um den Weltmeister und Ehrenspielführer der Eintracht. In einer Minute der Stille gedachten Zuschauer und die Mannschaften vor dem Anpfiff des Idols der Eintracht. Auf dem Videowürfel prangte »Grabis« Konterfei und eine Viertelstunde vor dem Anpfiff liefen dort emotionale Bilder aus Grabowskis großer Karriere. »Jürgen wird nie ganz gehen, er wird immer da sein bei unserer Eintracht«, sagte Präsident Peter Fischer und beim Einlaufen wurde die inoffizielle Hymne »Schwarz und weiß wie Schnee« im Gedenken an Jürgen Grabowski mit ganz besonderer Inbrunst intoniert. Über der Fankurve prangte ein riesiges Plakat: »Helden leben lange und Legenden sterben nie. Doch auferstehen werden nur Götter. Bis bald, Grabi!«

»HOLZ«

BERND HÖLZENBEIN
1968/69

»Früher war man als Kind bei Schlägereien auch zu Hause stärker als in Nachbars Garten.«

Bernd Hölzenbein über die Auswärtsschwäche von Eintracht Frankfurt

SAISONRÜCKBLICK

Unter dem neuen Trainer Erich Ribbeck gelingen in der Hinrunde gerade einmal 14 Punkte bei einem Torverhältnis von 21:25. Als Folge geht die Abstiegsangst im Stadtwald um. Aus gutem Grund: Die Adler sind als 14. nur drei Punkte von Schlusslicht Kickers Offenbach entfernt. Und es

AUF EINEN BLICK

SPIELE/S/U/N/TORE/TD/PUNKTE:
8. Platz
34 | 13 | 8 | 13 | 46:43 | 1,07 | 34:34

TOPSPIELER DER MANNSCHAFT:
Peter Kunter (Kicker-Note: 2,05)

BESTER TORSCHÜTZE:
Jürgen Grabowski (8 Treffer)

HÖCHSTER SIEG:
4:1 beim Hamburger SV

HÖCHSTE NIEDERLAGE:
2:4 bei Alemannia Aachen und Kickers Offenbach

ZUSCHAUERSCHNITT: 20.471

BESONDERES:
Vizemeister Alemannia Aachen (38:30) und Nürnberg auf Platz 17 (29:39) trennen gerade einmal neun Punkte.

kommt noch ärger: Am 28. Spieltag steht die Eintracht trotz eines umjubelten 3:2-Sieges gegen die Offenbacher Kickers nur wegen des besseren Torverhältnisses auf Platz 16 vor dem punktgleichen OFC. Erst drei Siege gegen 1860 München (3:0), beim HSV (4:1) und gegen Schalke (1:0) sichern schließlich den Klassenerhalt auf Platz 8. Meister wird Bayern; Offenbach und Nürnberg steigen ab.

Im Messepokal gelingt nach erfolgreichen K.o.-Spielen gegen Wacker Innsbruck und Juventus Turin gegen Atletico Bilbao im Achtelfinale nach einem 0:1 in Spanien nur ein 1:1, und auch im DFB-Pokal ist im Achtelfinale nach dem 0:1 in Kaiserslautern Schluss.

BERND HÖLZENBEIN
(* 9. März 1946 in Dehrn)

DER BESONDERE MOMENT

Davon gibt es in der Karriere von Bernd Hölzenbein eine Menge. Unvergessen für die meisten Eintracht-Fans ist sein Sitzkopfballtor am 7. November 1979 wenige Sekunden vor dem Schlusspfiff des UEFA-Cup-Rückspiels gegen Dinamo Bukarest. Über Neuberger und Körbel scheint der Ball eine sichere Beute des bis dahin starken Bukarest-Keepers Stefan zu werden, doch dem gleitet das Leder durch die Arme, und Holz, der ausgerutscht war und auf dem Hosenboden sitzt, reagiert blitzschnell. 2:0. Verlängerung. Dort trifft Bernd Nickel zum entscheidenden 3:0.

Bernd Hölzenbein begann als Amateur beim TuS Dehrn und wurde 1966 von der Eintracht unter Vertrag genommen.

Sein Debüt feierte er am 4. November 1967, dem 12. Spieltag, beim 1:1 gegen den Hamburger SV als Einwechselspieler. Danach spielte er von 1967 bis 1981 | 420 Mal für Eintracht Frankfurt und gewann mit der Mannschaft 1974, 1975 und 1981 den DFB-Pokal sowie 1980 den UEFA-Pokal. Die 160 Bundesligatore des Ehrenspielführers von Eintracht Frankfurt sind bis heute Vereinsrekord.

Hölzenbein wechselte 1981 zu den Fort Lauderdale Strikers in die USA. Mit den Memphis Americans (1983/84) sowie den Baltimore Blasts, für die er 1985 die US-Hallenrunde bestritt, war er für weitere US-Vereine aktiv. Zum Ende seiner Karriere 1986 kehrte er nach Deutschland zurück und spielte vom Januar bis zum Aufstieg in die 2. Liga im Juni 1986 für den FSV Salmrohr in der Oberliga Südwest.

Nach seiner aktiven Laufbahn war Hölzenbein kurzzeitig Co-Trainer bei Viktoria Aschaffenburg, bevor er von November 1988 bis November 1994 Vizepräsident von Eintracht Frankfurt war. Vom 1. Dezember 1994 bis 4. November 1996 war Hölzenbein bei Eintracht Frankfurt als Sportmanager tätig. Zudem war er zu dieser Zeit Eigentümer eines Tennis- und Squash-Zentrums in Sprendlingen.

NACHSPIELZEIT

Die Ansichten über die Berechtigung des Strafstoßes im WM-Finale 1974 nach dem Foul an Bernd Hölzenbein gehen bis heute auseinander. Im Spielfilm »Verliebt in Amsterdam« (Deutschland 2017) wird die WM-1974-»Schwalbe« ausführlich und auf amüsante Weise thematisiert – wobei wenigstens dort am Ende Einigkeit zwischen der deutschen und der niederländischen Partei besteht, wie das Foul zu bewerten ist.

Für die A-Nationalmannschaft spielte Holz von 1973 bis 1978 40 Mal und erzielte dabei fünf Tore. Sein erstes Turnier war die Fußball-WM 1974 in Deutschland. Bis auf das Spiel gegen die DDR (0:1) wurde er in jedem Spiel eingesetzt und wurde am 17. Juli 1974 mit der Nationalelf Fußballweltmeister. Nachdem Hölzenbein im WM-Finale gegen die Niederlande im Strafraum von Wim Jansen zu Fall gebracht wurde, schoss Paul Breitner per Elfmeter das Tor zum zwischenzeitlichen 1:1.

Bernd Hölzenbein wohnt heute in Gravenbruch, einem Stadtteil von Neu-Isenburg. Er ist verheiratet und hat zwei erwachsene Kinder.

»DER EHRENSPIELFÜHRER«

DIETER LINDNER 1969/70

»Das Hinspiel gegen Glasgow war eines der größten Spiele, die ich gemacht habe. Ich habe zwei Tore geschossen und zwei wunderbare Vorlagen gegeben.«

Dieter Lindner in einem Interview bei Jörg Heinisch

AUF EINEN BLICK

SPIELE/S/U/N/TORE/TD/PUNKTE:
8. Platz
34 | 12 | 10 | 12 | 54:54 | 0 | 34:34

TOPSPIELER DER MANNSCHAFT:
Jürgen Grabowski (Kicker-Note: 2,09)

BESTER TORSCHÜTZE:
Horst Heese (12 Treffer)

HÖCHSTER SIEG:
6:2 gegen Alemannia Aachen

HÖCHSTE NIEDERLAGE:
1:5 beim Hamburger SV

ZUSCHAUERSCHNITT: 16.206

BESONDERES:
Ab dieser Saison entscheidet bei Punktgleichheit nicht mehr der Torquotient, sondern die Tordifferenz über die Platzierung. Den DFB-Pokal gewinnt Regionalligist Kickers Offenbach, der allerdings zum Zeitpunkt des Finales bereits als Aufsteiger in die Bundesliga für die kommende Saison feststeht.

SAISONRÜCKBLICK

Ausgeglichener geht's kaum: Mit 34:34 Punkten und 54:54 Toren landet die Eintracht auf Platz 8. Je zwölf Siege und Niederlagen sowie zehn Punkteteilungen stehen zu

Buche und zeugen von einer durchwachsenen Saison.

Das Gesicht der Mannschaft hat sich im Vergleich zum Vorjahr kaum verändert, allerdings lotst Trainer Ribbeck mit Heese einen Stürmer vom unterklassigen Wuppertaler SV nach Frankfurt.

Im Viertelfinale des DFB-Pokals gegen Kickers Offenbach allerdings bringt auch der den Ball nicht im OFC-Tor unter. Mit einem deutlichen

0:3 verabschiedet sich die Eintracht aus dem Wettbewerb.

Deutscher Meister wird Borussia Mönchengladbach vor Bayern München und Hertha BSC. Absteiger sind Alemannia Aachen und der TSV 1860 München

DIETER LINDNER
(* 11. Juni 1939 in Breslau)

DER BESONDERE MOMENT

Nach nur noch drei Einsätzen in der Runde 1969/70 unter Erich Ribbeck beendete Lindner im Sommer 1970 seine aktive Spielerlaufbahn, wurde aber nach 17 Spieltagen der Runde 1970/71 und Platz 18 reaktiviert, um im Abstiegskampf die Defensive zu stabilisieren. Mit Erfolg: Nach 17:11 Punkten in der Rückrunde rettete sich die Eintracht auf Platz 15.

Auch Dieter Lindner gehört zur Meister-Mannschaft von 1959. Von 1957 bis 1963 schoss er in der damals erstklassigen Fußball-Oberliga Süd in 132 Ligaspielen 49 Tore. In der Bundesliga absolvierte er von 1963 bis 1971 weitere 189 Pflichtspiele und traf fünf Mal.

Er wurde 1954 Mitglied bei der Eintracht, debütierte als 17-Jähriger in der Oberligamannschaft und erzielte gleich in seinem ersten Spiel für die Eintracht am 10. Februar 1957 beim 3:1-Auswärtserfolg bei Jahn Regensburg in der Oberliga Süd das 1:0.

Der in Nieder-Erlenbach wohnhafte Lindner war in der Saison 1980/81 Vizepräsident der Eintracht und vom 5. Mai bis 2. Oktober 1996 Interimspräsident. Er war lange Zeit Vorsitzender des Verwaltungsrats und von 2007 bis 2016 stellvertretender Vorsitzender des Fördervereins des Eintracht Frankfurt Museums. Er ist Ehrenmitglied und Ehrenspielführer von Eintracht Frankfurt.

Am 3. Oktober 1959 kam er beim Länderspiel in Konstanz gegen die Schweiz zu einem Einsatz in der B-Nationalmannschaft. Mit auf dem Feld standen Friedel Lutz und Dieter Stinka.

NACHSPIELZEIT

Thomas Lindner über seinen Vater Dieter – nachzulesen in turi2, der Plattform der 20.000 wichtigsten Meinungsmacherinnen und -macher aus Medien, Wirtschaft und Politik mit Sitz in Wiesbaden:

»Dieter Lindners Lebensweg ist bemerkenswert: vom Flüchtlingskind aus Breslau zum Spielführer und später Aufsichtsratsmitglied von Eintracht Frankfurt. Vom Habenichts mit Volksschulabschluss zum kaufmännischen Geschäftsführer eines kleinen Frankfurter Familienunternehmens. Auf seinem Weg respektiert, geschätzt und gemocht von fast allen seinen Begleitern. Ausgestattet mit Bescheidenheit, Humor, Intelligenz, Fleiß und Disziplin – Letzteres die Eigenschaften vieler Protagonisten der Nachkriegsgeneration.

Mit all dem hat er mir vorgelebt, dass intrinsische Motivation, Pflichtbewusstsein und Zuverlässigkeit – ergänzt durch eine gewisse Bescheidenheit – eine gute Kombination fürs Leben ergeben. Insbesondere als seine Popularität als Frankfurter Fußballspieler und Lokalmatador so langsam verblasst ist, hat sich diese Kombination von Eigenschaften für ihn ausgezahlt.

Die Familie hatte für meinen Vater immer eine große, zentrale Bedeutung. Er hat mir beigebracht: Eltern und Kinder stehen stets bedingungslos zusammen. Innere wie äußere Solidität geben Halt auch in schwierigeren Zeiten. Den ›Schein‹ vom ›Sein‹ zu trennen, ist wichtig. Die Vermittlung, dass nur Letzteres Relevanz besitzt, ist elementar. Blender meidet man. Heute wird mein Vater Dieter von meiner außergewöhnlichen Mutter gepflegt, die ihn mit Liebe und Pflichtbewusstsein umsorgt. Auch sie ist ein Vorbild für mich.«

»DER FLIEGENDE ZAHNARZT«

DR. PETER KUNTER
1970/71

AUF EINEN BLICK

SPIELE/S/U/N/TORE/TD/PUNKTE:
15. Platz
34 | 11 | 6 | 17 | 39:56 | -17 | 28:40

TOPSPIELER DER MANNSCHAFT:
Peter Kunter (Kicker-Note: 2,04)

BESTER TORSCHÜTZE:
Bernd Nickel (13 Treffer)

HÖCHSTER SIEG:
5:0 gegen Rot-Weiss Oberhausen

HÖCHSTE NIEDERLAGE:
0:5 bei Borussia Mönchengladbach

ZUSCHAUERSCHNITT: 21.647

BESONDERES:
Im Nachgang der Saison deckt OFC-Präsident Horst-Gregorio Canellas am 6. Juni 1971 bei der Feier seines 50. Geburtstages den Bundesliga-Skandal auf, bei dem die abstiegsbedrohten Vereine Arminia Bielefeld und Rot-Weiss Oberhausen Geld an Spieler anderer Vereine bezahlten, damit diese bestimmte Spielergebnisse erzielten. Als Folge wurde Arminia Bielefeld in der nachfolgenden Saison die Lizenz entzogen und mehrere Spieler, Trainer und Offizielle wurden zum Teil lebenslang gesperrt.

SAISONRÜCKBLICK

Erst am vorletzten Spieltag kann die Eintracht in der Saison 1970/71 mit einem 2:0-Sieg in Offenbach den Klassenerhalt sichern. Noch am 30. Spieltag steht die Mannschaft nach einem 2:6 bei Hertha BSC auf Platz 17. Dann lässt das Team auf der Zielgeraden drei Siege gegen Dortmund, Essen und eben auf dem Bieber Berg folgen und darf zum Saisonfinale im Waldstadion beim 1:4 für Borussia Mönchengladbach bei der erfolgreichen Titelverteidigung der »Fohlen«

»Hinter einem Mann mit Brille vermutet man keinen Spitzensportler. Seitdem ich eine Brille trage, muss ich keine Autogramme mehr schreiben.«

Dr. Peter Kunter

zufrieden über den eigenen Klassenerhalt Spalier stehen.

Im DFB-Pokal siegt die Eintracht in der 1. Runde beim FC St. Pauli 3:2 nach Verlängerung, scheidet aber im Achtelfinale sang- und klanglos vor eigenem Publikum mit 1:4 gegen den 1. FC Köln aus.

PETER KUNTER
(* 28. April 1941 in Berlin)

DER BESONDERE MOMENT

Jeder erinnert sich. Keiner so ganz genau: Aber auch wenn Dr. Peter Kunter sich stets dagegen verwehrte, dass ihn die Tatsache, dass er Kontaktlinsen trug, bei Flutlichtspielen handicapte, gab es die Szene, in der die halbe Mannschaft seine Kontaktlinse auf dem Rasen suchte. Auch wenn die Geschichte völlig abstrus klingt, wabert sie durchs Netz und hat längst Legendenstatus.

Als Spieler von Eintracht Wetzlar wurde Peter Kunter 1958 erstmals ins Tor der damaligen Jugendnationalmannschaft berufen, für die er insgesamt neun Spiele bestritt. In den Jahren danach spielte er vier Mal für die deutsche Amateurnationalelf.

Ab 1961 studierte Kunter zunächst Germanistik, dann Zahnmedizin in Freiburg im Breisgau und spielte bis 1965 beim zweitklassigen Freiburger FC. Nach dem Wechsel zur Eintracht 1965 kam er insgesamt 234 Mal in der Bundesliga zum Einsatz. Dazu spielte er jeweils 17 Mal im DFB-Pokal-Wettbewerb und in europäischen Vereinswettbewerben. Ab seinem dritten Jahr bei der Eintracht – Saison 1967/68 – wurde er im Eintracht-Tor von Vizeweltmeister Hans Tilkowski verdrängt. Außerdem fiel er nach einem schweren Verkehrsunfall mehrere Monate aus. Im Dezember 1969 promovierte er zum Doktor der Zahnmedizin und betrieb bereits während und nach seiner aktiven Spielerlaufbahn eine Zahnarztpraxis in Frankfurt-Bornheim, später in Urberach. Viele Mitspieler und auch jüngere Eintrachtler gehörten zu seinem Patientenkreis. Der Torwart galt aufgrund seiner zehn gehaltenen Elfmeter als Strafstoßtöter, trug 1971 wesentlich zum Klassenerhalt der Eintracht bei und gewann mit der Mannschaft 1974 den DFB-Pokal. Ein Jahr später, beim zweiten Pokalsieg, saß er auf der Ersatzbank.

Er gehörte zum erweiterten Kreis der Nationalmannschaft, die 1972 Europameister wurde, kam aber zu keinem Länderspiel.

Zwischen 1977 und 1979 war Dr. Kunter Vizepräsident der Eintracht und von 2001 bis 2005 Verwaltungsratsmitglied.

In seiner Praxis in der Löwengasse 48 kam sogar die komplette Deutsche Fußballnationalmannschaft vor der WM 1978 zur Zahnkontrolle.

NACHSPIELZEIT

Seine Auffassung vom Fußball gab der fliegende Zahnarzt nach seiner aktiven Laufbahn zum Besten:

»Bei mir hatte Fußball nie etwas mit Intelligenz zu tun. Es ist doch so: Da wirft sich einer freiwillig vor die Beine von irgendwelchen bulligen Spielern, nur, um einen Ball zu fangen. Der muss doch eine besonders große Macke haben.«

»DER KAMIKAZE-STÜRMER«

HORST HEESE
1971/72

SAISONRÜCKBLICK

Nach dem Fast-Abstieg in der Vorsaison zeigt sich die Eintracht in der Spielzeit 1971/72 erstaunlich erholt. Und das, obwohl es für die Adler mit einer 1:5-Klatsche beim HSV und einem Stolperstart bis zum 12. Spieltag eher bedenklich los geht. Die Revanche gegen den HSV zum Rückrundenauftakt bringt dann jedoch die endgültige Wende. Die Eintracht katapultiert sich mit dem 4:0 von Platz 8 auf Platz 5 und verlässt den Rang nur noch wenige Male.

Im DFB-Pokal, der in den Spielzeiten 1971/72 und 1972/73 in Hin- und Rückspielen ausgetragen wird, kann sich die Eintracht in der ersten Runde zwar noch gegen den 1. FC Schweinfurt durchsetzen, scheidet aber im Achtelfinale gegen Borussia Mönchengladbach nach einem 2:4 auf dem Bökelberg und einem 3:2 im heimischen Waldstadion erneut frühzeitig aus.

Meister wird Bayern München vor Schalke 04 und Gladbach, absteigen müssen Dortmund und Bielefeld.

HORST HEESE
(* 31. Dezember 1943 in Düsseldorf)

DER BESONDERE MOMENT

Schon bald, nachdem ihn Trainer Erich Ribbeck vom unterklassigen Wuppertaler SV zum Erstligisten Eintracht Frankfurt geholt hatte, wurde Heese das Attribut Kamikaze-Stürmer verliehen. Fans und Reporter sind sicher: *Der* geht mit

---

AUF EINEN BLICK

SPIELE/S/U/N/TORE/TD/PUNKTE:
5. Platz
34 | 16 | 7 | 11 | 71:61 | 10 | 39:29

TOPSPIELER DER MANNSCHAFT:
Peter Kunter (Kicker-Note: 2,19)

BESTER TORSCHÜTZE:
Bernd Nickel (13 Treffer)

HÖCHSTER SIEG:
4:0 gegen den Hamburger SV

HÖCHSTE NIEDERLAGE:
2:6 bei Borussia Mönchengladbach

ZUSCHAUERSCHNITT: 21.900

BESONDERES:
Im September 1971 nimmt die Eintracht Ender Konca unter Vertrag. Auch in der Hoffnung, dass »zu jedem Spiel ein paar Tausend türkische Gastarbeiter kommen«, wie Präsident Albert Zellekens hofft.

»Schlechtes Wetter, schlechter Heese«!

Fan-Weisheit

dem Kopf dorthin, wo andere Eintracht-Spieler den Fuß wegziehen.

Horst Heese, der in seiner aktiven Zeit als ein Mittelstürmer galt, der mit jedem Einsatz den Torerfolg suchte und sich selbst dabei nicht schonte, begann beim VfB Hilden. 1964 wechselte er zu den Sportfreunden Hamborn 07, drei Jahre später zum Wuppertaler SV, wo ihn die Eintracht 1969 entdeckte und unter Vertrag nahm.

Sein erstes Tor hat der gebürtige Düsseldorfer im fünften Saisonspiel gegen Rot-Weiss Essen gemacht. Zum 2:1 in der 86. Minute. Seinen einzigen Dreierpack im April 1970 beim 4:0 gegen den VfB Stuttgart. Insgesamt bestritt der Vollblutstürmer 108 Bundesligaspiele für die Eintracht und traf dabei 27 Mal. Auch im DFB-Pokal (10/3) und im UEFA-Pokal (2/0) stand er für die Adler auf dem Platz, bevor er im Winter 1972 für kolportierte

80.000 Euro zum abstiegsbedrohten Hamburger SV wechselte und dort den Klassenerhalt schaffte. Er ließ seine Spielerkarriere schließlich von 1974 bis 1976 beim AS Eupen in Belgien ausklingen.

NACHSPIELZEIT

Während seines Engagements als Trainer bei der Eintracht von April bis Ende Juni 1993 sorgte Horst Heese selbst für einen Platz in den Geschichtsbüchern der Bundesliga, als ihm am 22. Mai 1993 im Auswärtsspiel bei Bayer 05 Uerdingen ein folgenschwerer Wechselfehler unterlief. Bei der Einwechslung von Marek Penksa überschritt er das damals erlaubte Kontingent von drei gleichzeitig spielenden Ausländern pro Mannschaft. Er hatte wohl übersehen, dass der für Penska ausgewechselte Slobodan Komljenović »Fußballdeutscher« war. Das Spiel, das 5:2 für die Eintracht ausgegangen war, wurde mit 2:0 für Uerdingen gewertet.

»DER FUNKTURM«

UWE KLIE- MANN

1972/73

AUF EINEN BLICK

SPIELE/S/U/N/TORE/TD/PUNKTE:
8. Platz
34 | 15 | 4 | 15 | 58:54 | 4 | 34:34

TOPSPIELER DER MANNSCHAFT:
Uwe Kliemann (Kicker-Note: 2,15)

BESTER TORSCHÜTZE:
Bernd Hölzenbein (13 Treffer)

HÖCHSTER SIEG:
5:0 gegen den 1. FC Köln

HÖCHSTE NIEDERLAGE:
0:3 gegen Kickers Offenbach

ZUSCHAUERSCHNITT: 13.714

BESONDERES:
Das Spiel der Eintracht beim Namensvetter aus Braunschweig am 31. Oktober 1972 geht in die Geschichte ein. Es ist die dritte und bis heute letzte Bundesliga-Begegnung, die aufgrund von Nebel abgebrochen wird.

SAISONRÜCKBLICK

Beinahe eine Blaupause der Saison 69/70 gelingt Eintracht Frankfurt im Jahr 1972/73. Statt zehn sind es diesmal nur vier Unentschieden, dafür jeweils drei Siege und drei Niederlagen (jeweils 15) mehr. Macht unterm Strich Platz 8 mit 34:34 Punkten.

»Für mich ist der Funkturm einfach ein Markenzeichen, das noch dazu etwas mit meiner Heimatstadt zu tun hat. In der Regel sind Spitznamen schmeichelhaft, weil nur diejenigen Spieler einen haben, die die Fans in irgendeiner Weise beeindruckt haben.«

Uwe Kliemann

Wie drei Jahre zuvor kassiert das Team 54 Treffer – Torverhältnis 58:54. Das hatte man sich sicher bei der Verpflichtung von »Funkturm« Uwe Kliemann, den man in Oberhausen – neben Eintracht Braunschweig am Ende der Saison der zweite Absteiger – loseisen kann, anders vorgestellt.

Auch das europäische Abenteuer UEFA-Cup endet rasch. Das 0:0 im Rückspiel der ersten Runde gegen den FC Liverpool ist ein Achtungserfolg, reicht aber nach dem 0:2 an der Anfield Road nicht zum Weiterkommen.

Gleiches gilt für den DFB-Pokal. Im Achtelfinale ist nach einem 2:2 und einem 0:1 gegen Eintracht Braunschweig kurz und schmerzlos Schluss. Bleibt eine Erfolgsmeldung aus dem erstmals ausgespielten Ligapokal, in dem sich die Eintracht erst im Halbfinale Borussia Mönchengladbach (1:3 und 1:0) geschlagen geben muss.

UWE KLIEMANN
(* 30. Juni 1949 in Berlin)

DER BESONDERE MOMENT

1972 wechselt der Berliner von Rot-Weiss Oberhausen zur Eintracht, wird auf Anhieb mit der Kicker-Note 2,15 Topspieler der Mannschaft und erhält von den Fans aufgrund seiner Größe von 1,96 Metern und seiner Berliner Herkunft den Spitznamen »Funkturm«.

Uwe Kliemann begann seine Vereinslaufbahn 1961 beim BC Lichterfelde 1912 und ging 1964 zu Hertha Zehlendorf. Mit 19 Jahren wurde er als bestes Berliner Eigengewächs auf der Vorstopper-Position bezeichnet, doch die Hertha hatte den Innenverteidiger noch nicht auf dem Schirm.

Das änderte sich erst, nachdem Kliemann als einziger Spieler zwei Jahre hintereinander bei jedem Spiel der Eintracht auf dem Platz stand und für die Eintracht in diesen 68 Spielen 8 Tore schoss. Damals noch ein beachtlicher Wert für einen kantigen Abwehrmann. Im DFB-Pokal waren es acht Spiele und 2 Tore. Wobei Kliemann 1974 mit der Eintracht sicher DFB-Pokalsieger geworden wäre. Allerdings konnte der Berliner im Spiel gegen den HSV (3:1 n. V.) nicht zum Einsatz kommen, weil das Finale wegen der Weltmeisterschaft in den August verlegt worden war. Da war der Funkturm schon zu Hertha BSC gewechselt.

Uwe Kliemann, dem man nachsagte, dass er vor jedem Spiel mindestens drei bis vier Mal zur Toilette musste, spielte zwei Mal für die deutsche Nationalmannschaft.

NACHSPIELZEIT

Kliemann gehörte auf und neben dem Platz zu den Spielern, die ihre Meinung sagten. So soll er nach seiner Eintracht-Zeit Hertha-Chef Wolfgang Holst erklärt haben: »Passen Sie mal auf, Sie haben hier nicht irgendeinen Kellner aus der Kneipe vor sich!«

»SCHOPPE-GERT«

GERT TRINKLEIN 1973/74

AUF EINEN BLICK

SPIELE/S/U/N/TORE/TD/PUNKTE:
4. Platz
34 | 15 | 11 | 8 | 63:50 | 13 | 41:27

TOPSPIELER DER MANNSCHAFT:
Jürgen Grabowski (Kicker-Note: 2,06)

BESTER TORSCHÜTZE:
Bernd Hölzenbein (12 Treffer)

HÖCHSTER SIEG:
6:0 gegen Rot-Weiss Essen

HÖCHSTE NIEDERLAGE:
3:6 bei Rot-Weiss Essen

ZUSCHAUERSCHNITT: 25.529

BESONDERES:
Mit Friedel Lutz beendet der letzte Deutsche Meister von 1959 seine aktive Karriere bei der Eintracht. Gegen den VfB Stuttgart gelingt es, einen 0:3-Rückstand durch Tore von Nickel, Weidle und zwei Mal Hölzenbein in den letzten 25 Minuten in ein 4:3 zu drehen.

SAISONRÜCKBLICK

Unter dem neuen Trainer Dietrich Weise zählt die Eintracht mit dem eingespielten und nahezu unveränderten Kader zum Kreis der Titelanwärter, und tatsächlich: Neun Spiele lang bleiben die Weise-Schützlinge unbesiegt und zur Halbzeit der Saison stehen sie auf Platz 2 punktgleich mit den Bayern an der Spitze. Am Ende sorgt die Auswärtsschwäche (11:23 Punkte) dafür, dass es für den Titel nicht reicht. Platz 4 punktgleich mit Fortuna Düsseldorf auf Platz 3. Meister wird der FC Bayern München vor Borussia Mönchengladbach. Absteigen müssen Hannover 96 und Fortuna Köln.

Im DFB-Pokal hingegen gelingt der große Wurf. Über Tennis Borussia Berlin (8:1), den KSV Hessen Kassel (3:2), den 1. FC Köln (4:3 n. V.) und Bayern München (3:2) zieht die Eintracht ins Finale gegen den HSV ein und holt 15 Jahre nach der Meisterschaft beim 3:1 n. V. durch Tore von Trinklein, Hölzenbein und Kraus wieder einen Titel.

GERT TRINKLEIN
(* 19. Juni 1949 in Frankfurt am Main; † 11. Juli 2017 in Frankfurt am Main)

DER BESONDERE MOMENT

17. August 1974, Rheinstadion in Düsseldorf, 40. Spielminute im DFB-Pokalendspiel Eintracht Frankfurt gegen den HSV: Gert Trinklein bekommt den Ball an der

„Als 27-Jähriger komme ich in diesen Läden nicht mehr klar!"

Gert Trinklein über Diskotheken

Mittellinie und marschiert unaufhaltsam los. Bis in den Strafraum hinein. Vorbei an zwei Hamburgern schiebt er den Ball zum 1:0 ins HSV-Tor. Sein Kommentar: »Der Trainer hatte mir verboten, die Mittellinie zu überqueren. Aber was sollte ich denn machen, wenn mich vom HSV keiner angreifen wollte?«

Der Abwehrspieler wechselte 1967 von Rot-Weiss Frankfurt zur Eintracht und wurde am 31. Mai 1969 beim 4:1-Auswärtserfolg gegen den Hamburger SV in der Bundesliga erstmals eingesetzt. Danach gehörte der Frankfurter von 1969 bis 1977 zum festen Stamm der Bundesliga-Mannschaft. Trinklein absolvierte 230 Ligaspiele und schoss dabei zehn Tore. Die erfolgreichsten Spielzeiten erlebte er als Libero in den Jahren 1973/74 und 1974/75 mit den Tabellenplätzen vier und drei sowie zwei Pokalsiegen.

Im Sommer 1978 wechselte er zu Kickers Offenbach, kam dort allerdings nur noch auf sechs Zweitligaspiele. Dann zog es ihn als einen der ersten deutschen Fußballer von

Hallen-Fußballturnier. Außerdem gehörte er ab 2006 der FDP-Fraktion in der Frankfurter Stadtverordnetenversammlung an.

2011 wurde Leukämie bei ihm diagnostiziert. Er hat lange Zeit dagegengehalten. Gesagt: »Das Schicksal muss aus dem Kopf!«

Am Rande notiert: Gert Trinklein verpasste 1975 die Pokal-Siegesfeier auf dem Römer-Balkon. Er hatte als einziger im Hotel in Hannover ein Einzelzimmer und niemand hat ihn geweckt. Dabei war er nach eigener Angabe der Erste im Bett.

1979 bis 1980 nach Amerika zu den Dallas Tornados. Am 3. September 1974 spielte Trinklein gemeinsam mit Charly Körbel und Bernd Nickel mit der B-Nationalmannschaft gegen Luxemburg 5:0.

Ab 1985 vermarktete er als selbstständiger Kaufmann Sportveranstaltungen. Darunter das traditionsreiche Frankfurter

NACHSPIELZEIT

Kurz nach Gert Trinkleins Tod erinnerte sich der damalige Eintracht-Aufsichtsratschef Wolfgang Steubing an seinen Freund in einem Bild-Zeitung-Interview:

»Wir kannten uns schon als Kinder, gingen gemeinsam in eine Klasse ins Liebig-Gymnasium. Bis er die Schule verließ, um Fußballer zu werden – und ich sitzenblieb. Kurz danach besuchte er mich Sitzenbleiber in einem BMW 2002 tii. Das war ein Klassen-Unterschied!«

»DER TREUE CHARLY«

KARL-HEINZ KÖRBEL
1974/75

SAISONRÜCKBLICK

Erst zwei knappe 1:2-Niederlagen am 28. Spieltag in Offenbach und am 29. Spieltag gegen Hertha BSC sorgen für das Ende aller Titelträume in der Saison 1974/75. Am Ende fehlen schließlich sieben Punkte zu Meister Gladbach und ein Pünktchen zu Vizemeister Hertha BSC. Aber: Die Fans bekommen viel zu sehen für ihr Geld. Mit 89 Treffern ist die Eintracht schließlich die torhungrigste Mannschaft.

Viel zu sehen und außerdem zu feiern, gibt es auch im DFB-Pokal: Nach Siegen gegen Arminia Bielefeld (3:1) bei Union Solingen (2:1 n. V.), beim 1. FC Mülheim-Styrum (3:0), gegen den VfL Bochum (1:0), Fortuna Köln (4:2) und Rot-Weiss Essen (3:1) kann die Eintracht am 21. Juni 1975 in Hannover den DFB-Pokal gegen den MSV Duisburg erfolgreich verteidigen. Den entscheidenden Treffer zum 1:0 erzielt Abwehrmann Karl-Heinz Körbel.

AUF EINEN BLICK

SPIELE/S/U/N/TORE/TD/PUNKTE:
3. Platz
34 | 18 | 7 | 9 | 89:49 | 40 | 43:25

TOPSPIELER DER MANNSCHAFT:
Jürgen Grabowski (Kicker-Note: 1,97)

BESTER TORSCHÜTZE:
Bernd Hölzenbein (16 Treffer)

HÖCHSTER SIEG:
9:1 gegen Rot-Weiss Essen

HÖCHSTE NIEDERLAGE:
0:3 bei Borussia Mönchengladbach

ZUSCHAUERSCHNITT: 23.765

BESONDERES:
Erstmals tritt die Eintracht mit einem Trikotsponsor an – der Schriftzug Remington schmückt die Brust der Adlerträger.

»Eintracht Frankfurt – diese Begeisterung, diese Faszination. Ich möchte das für kein Geld der Welt missen.«

Charly Körbel

Die erste Visite im europäischen Pokalsieger-Wettbewerb hingegen ist kurz. Den AS Monaco kann die Eintracht noch mit 3:0 und 2:2 aus dem Weg räumen, doch schon Dynamo Kiew erweist sich im Achtelfinale als zu hohe Hürde. Beide Spiele gehen (2:3 und 1:2) verloren.

KARL-HEINZ KÖRBEL
(* 1. Dezember 1954 in Dossenheim bei Heidelberg)

DER BESONDERE MOMENT

In zwei Spielen seiner Laufbahn besorgt Abwehrmann Charly Körbel die in den Spielen einzigen, aber für die Eintracht entscheidenden Treffer. In beiden Fällen im Niedersachsenstadion in Hannover: Dort gelingt ihm im Pokal-Finale am 21. Juni 1975 der 1:0-Siegtreffer gegen den MSV Duisburg in der 57. Minute. Und – für ihn selbst das wichtigste Tor – in der Saison 1988/89 trifft Körbel beim letzten Spiel gegen Hannover 96 nach 66 Minuten zum 1:1-Endstand, der die Relegation gegen den 1. FC Saarbrücken ermöglicht.

Karl-Heinz Körbel spielte in seiner Jugend bei seinem Heimatverein FC Dossenheim zunächst im Tor, später in der Abwehr auf der Vorstopper-Position. Mit 17 wagte er 1972 den Wechsel zur Eintracht. Es sollte sein einziger bleiben, denn der treue Charly trug bis zum Ende seiner Karriere im Alter von 36 Jahren (1991) den Adler auf der Brust.

Neben seinen 602 Bundesligaspielen absolvierte er 70 DFB-Pokal- und 48 Europapokalspiele. In seinen 19 Eintracht-Jahren erzielte er 45 Bundesligatore sowie drei Treffer im DFB-Pokal und drei in Europapokalspielen.

Mit der Eintracht gewann Körbel den UEFA-Cup 1980 sowie vier Mal den DFB-Pokal: 1974, 1975, 1981 und 1988.

Fast schon tragisch. Vor allem dann, wenn man weiß, dass Schiedsrichter Michael Prengel sehr genau im Bilde war, was er mit der Gelben

Karte für Körbel beim vorletzten Spiel der Saison 1990/91 anrichtete. Es war Körbels vierte Gelbe und damit war er für das letzte Heimspiel gegen den VfB Stuttgart gesperrt und beendete seine Karriere nach 602 Einsätzen, in denen er ebenso wie im DFB-Pokal und auf europäischer Bühne nie einen Platzverweis erhalten hat.

Neben der Eintracht spielte der treue Charly, der trotz interessanter Angebote aus Hamburg, wo er ein Probetraining mit Uwe Seeler erfolgreich absolvierte, und Stuttgart in Frankfurt blieb, nur in einem anderen Team. Sechs Mal spielte er für Deutschland, doch Differenzen mit Mannschaftskapitän und Libero Franz Beckenbauer führten dazu, dass Körbels Nationalmannschaftskarriere bald wieder endete.

Nach seinem Karriereende 1991 wurde Körbel zunächst Trainerassistent der Frankfurter Profimannschaft. Zwischen 1994 und 1996 war er zwei Mal für kurze Zeit Cheftrainer. Anschließend arbeitete er in der 2. Bundesliga beim VfB Lübeck und dem FSV Zwickau als Trainer. Später bekam er bei der Eintracht eine Anstellung als Scout.

Auch heute noch ist Körbel Berater des Vorstands von Eintracht Frankfurt und leitet zudem die Fußballschule des Vereins.

NACHSPIELZEIT

Warum Körbel 1998 den Trainerjob an den Nagel hängte, erklärte er mit den für ihn bekannten offenen Worten: »Ich habe nach meiner aktiven Karriere schwierige Phasen erlebt, in denen mir klar wurde, wer meine wahren Freunde sind. Irgendwann haben meine Familie und ich festgestellt, dass wir dieses Leben als Trainer nicht mehr möchten. Du stehst ständig in der Öffentlichkeit, bist nach drei schlechten Spielen weg und musst dann wieder umziehen. Das wollte ich meiner Familie nicht mehr antun. Ich wollte nicht mehr, dass meine Tochter in die Schule geht und gesagt bekommt: ›Dein Papa ist die größte Pfeife.‹«

Nach Fritz Walter ist Körbel Schirmherr der Schlappekicker-Aktion der Frankfurter Rundschau, die unter anderem in Not geratene Sportler unterstützt. Körbel ist zudem Botschafter der Initiative *Respekt! Kein Platz für Rassismus*.

»WIIILLLIIII«

WILLI NEUBERGER
1975/76

AUF EINEN BLICK

SPIELE/S/U/N/TORE/TD/PUNKTE:
9. Platz
34 | 13 | 10| 11| 79:58 | 21 | 36:32

TOPSPIELER DER MANNSCHAFT:
Willi Neuberger (Kicker-Note: 2,03)

BESTER TORSCHÜTZE:
Bernd Hölzenbein (16 Treffer)

HÖCHSTER SIEG:
6:0 gegen Bayern München und VfL Bochum

HÖCHSTE NIEDERLAGE:
3:5 beim VfL Bochum

ZUSCHAUERSCHNITT: 21.529

BESONDERES:
In der Festhalle findet erstmals ein Hallenturnier statt, das die Eintracht vor dem 1. FC Kaiserslautern und dem FSV gewinnt.

SAISONRÜCKBLICK

Und einmal mehr grüßt die Diva vom Main. Waren nach den beiden Vorjahren alle Augen auf die Tabellenspitze gerichtet, sorgt die Eintracht in der Saison 1975/76 rasch für Ernüchterung und eine am Ende so enttäuschende Bilanz, dass Trainer Dietrich Weise seinen Vertrag auflösen lässt. Zwar erweist sich sein Team mit 79 Treffern wieder aus eigenen Stücken heraus extrem torhungrig, doch Platz 9 mit 36:32 Punkten entspricht so gar nicht den hochgesteckten Erwartungen.

Meister wird einmal mehr Borussia Mönchengladbach vor dem Hamburger SV und Bayern München. Absteigen müssen Hannover 96, Kickers Offenbach und Bayer Uerdingen.

Und auch im Pokal zeigt die Eintracht ihr unfreundliches Gesicht: Im Achtelfinale ist beim 0:1 bei Hertha BSC Schluss. Allein die Auftritte im Europapokal der Pokalsieger sorgen für Zufriedenheit. In Runde 1 wird der FC Coleraine mit 5:1 und 6:2 abgefertigt, in Runde 2 gewinnt die Eintracht ebenfalls beide Spiele gegen Atletico Madrid mit 2:1, und auch Sturm Graz hat im Viertelfinale (1:0 und 2:0) das Nachsehen. Erst West Ham United ist im Halbfinale Endstation. Dem 2:1 der Eintracht im Waldstadion lassen die Engländer ein 3:1 in London folgen.

WILLI NEUBERGER
(* 15. April 1946 in Klingenberg am Main)

DER BESONDERE MOMENT

Als erster Bundesliga-Spieler knackt Willi Neuberger zwei Tage nach seinem 36. Geburtstag am 17. April 1982 beim Heimsieg gegen Bayern München (4:3) die 500-Spiele-Marke. Torwartlegende Sepp Maier kommentiert launig und mit Blick auf die damals schon schüttere Haarpracht Neubergers: »Der schaut eher aus wie 500 Jahre und nicht wie 500 Bundesligaspiele.«

Willi Neuberger kickte von 1955 bis 1966 beim TuS Röllfeld in der Kreisliga. 1966 absolvierte er ein Probetraining bei Kickers Offenbach, erhielt jedoch kein Angebot. Anders in Dortmund. Der frischgebackene Europapokalsieger verpflichtete Neuberger aufgrund eines Tipps und ohne dass die Verantwortlichen den 20-Jährigen zuvor beobachtet hatten. Dort spielte er bis 1971. Anschließend für Werder Bremen (1971 bis 1973) und den Wuppertaler SV (1973).

»Wenn wir einen guten Tag hatten, haben wir – A – meist viele Tore geschossen und – B – einen für die Zuschauer gut anzusehenden Fußball gespielt.«

Willi Neuberger in einem Interview bei Eintracht TV

Dort nahm er im November 1974 selbst Kontakt zur Eintracht auf. Wohl wissend, dass Wuppertal wegen hoher Steuerschulden einen Spieler verkaufen musste und Frankfurt nach Verstärkungen Ausschau hielt.

Für die Eintracht schoss Willi Neuberger, dessen Flügelläufe meist mit einem langgezogenen »Wiillliiiii« aus der Fankurve begleitet wurden, in 267 Bundesligaspielen 18 Tore, in 37 DFB-Pokalspielen 7 Tore und in 39 Europacup-Spielen noch einmal 3 Tore. Sechs weitere Einsätze hatte er in der Intertoto-Runde 1977. Auch da traf er ein Mal.

Seine Karriere beendete Neuberger 1983 nach 520 Bundesligapartien. Er arbeitete am Riederwald noch zwei Jahre als Co-Trainer und war später für einen Sportartikelhersteller tätig.

Er gehört zu den wenigen Spielern der Bundesliga, die im Verlauf ihrer Karriere bis auf Torhüter alle Positionen spielten, und feierte mit der Eintracht 1975 und 1981 den DFB-Pokalsieg sowie 1980 den UEFA-Pokalsieg.

Neuberger, der zwei A-Länderspiele absolvierte, lebt heute mit seiner Ehefrau Helga in Klein-Krotzenburg.

NACHSPIELZEIT

Nach seiner Fußball-Karriere hat sich Willi Neuberger als einer der ersten Fußballer auf den Golfplatz gewagt und wurde dafür, wie auch Gert Trinklein, durchaus belächelt. Allerdings zeigte er auch im weißen Sport großes Talent. Er erreichte ein Handicap von 5.

»DR. HAMMER«

BERND NICKEL
1976/77

SAISONRÜCKBLICK

Mit dem neuen Trainer Gyula Lorant setzt die Eintracht gleich im ersten Heimspiel ein Zeichen. 7:1 wird Tennis Borussia Berlin im Waldstadion zerlegt. Und wie schon in den Jahren zuvor erweist sich die Mannschaft als torhungrig. Neben den Berlinern bekommen das vor allem Rot-Weiss Essen (8:1) und Werder Bremen (7:1) zu spüren. Insgesamt schießt das Team die meisten Tore (86) aller Erstligisten. Vor dem Hintergrund, dass die Mannschaft dabei 21 Mal hintereinander ungeschlagen bleibt, wirkt der 4. Platz, der in der Endabrechnung herausspringt, fast schon dürftig. Aber: Erstens trennen die Eintracht vom Meister aus Gladbach tatsächlich nur 2 Punkte, und zwei-

AUF EINEN BLICK

SPIELE/S/U/N/TORE/TD/PUNKTE:
4. Platz
34 | 17 | 8 | 9 | 86:57 | 29 | 42:26

TOPSPIELER DER MANNSCHAFT:
Bernd Hölzenbein (Kicker-Note: 2,17)

BESTER TORSCHÜTZE:
Bernd Hölzenbein (26 Treffer)

HÖCHSTER SIEG:
8:1 bei Rot-Weiss Essen

HÖCHSTE NIEDERLAGE:
1:4 gegen Borussia Dortmund

ZUSCHAUERSCHNITT: 24.000

BESONDERES:
Trotz des 2:1-Siegs gegen die Bayern ärgert sich Trainer Gyula Lorant über Schiri Walz. »Es war durchaus sehenswert, mit wie viel Selbstbewusstsein der Schiedsrichter seine Fehlentscheidungen getroffen hat!«, kommentierte er süffisant.

»Ohne jeden Zweifel eine der größten Legenden der Eintracht-Geschichte!«

zeuge_yeboahs auf Transfermarkt.com

BERND NICKEL

(* 15. März 1949 in Eisemroth; † 27. Oktober 2021 in Frankfurt am Main)

DER BESONDERE MOMENT

Direkt verwandelte Ecken haben Seltenheitswert. Nicht für Bernd Nickel. Er schafft das Kunststück gleich vier Mal, und zwar von allen vier Ecken im Waldstadion. Einmal sogar gegen Sepp Maier. Am 22. November 1975 traf Nickel vom Eckpunkt aus zum 6:0.

Als Achtjähriger begann Bernd Nickel in der Jugendabteilung seines Heimatvereins SV Eisemroth 1957 zu kicken. Und schon damals trainierte er die Schusstechnik, die ihm Jahre später den Namen »Dr. Hammer« einbringen sollte. Er ballerte stundenlang auf ein großes Scheunentor und nahm sich dabei immer wieder neue Punkte als Ziele vor. Das Ergebnis: Schon mit 13 Jahren lief er für die A-Jugend auf.

Zur Eintracht kam der gelernte Fernmeldetechniker 1966 als 17-Jähriger nach einem Probetraining. Über Spiele in der A-Jugend und der Amateurmannschaft – Mitspieler waren Bernd Hölzenbein und Jürgen Kalb unter der Trainingsleitung von Udo Klug – schaffte er 1968 den Sprung in den

tens steht die Mannschaft nach dem 13. Spieltag nach einem völlig verkorksten Start mit nur drei Siegen noch auf einem Abstiegsplatz mit 7:19 Punkten. Meister wird erneut Gladbach vor Schalke und Braunschweig. Absteigen müssen Karlsruhe, Tennis Borussia und Rot-Weiss Essen.

Im DFB-Pokal ist nach Erfolgen gegen Saar 05 Saarbrücken (6:1), Hertha Zehlendorf 10:2, Röchling Völklingen (3:2) und Schalke 04 (4:3 im Wiederholungsspiel) schließlich im Viertelfinale gegen Bayer 05 Uerdingen (3:6 n. V.) Endstation.

Bundesligakader von Trainer Elek Schwartz.

In der Saison 1975/76 erzielte er mit 15 Treffern sein bestes Ergebnis und war auch maßgeblich am Einzug der Eintracht ins Halbfinale im Europapokal der Pokalsieger beteiligt. Sein letztes Spiel bestritt Nickel am 4. Juni 1983. Insgesamt kam er von 1968 bis 1983 auf 426 Bundesligaspiele mit 141 Toren, 54 DFB-Pokaleinsätze mit 21 Treffern und 42 Europacup-Begegnungen mit 12 Toren. Öfter als er traf für die Eintracht lediglich Bernd Hölzenbein. Mit der Eintracht gewann Dr. Hammer drei Mal den DFB-Pokal und 1980 den UEFA-Cup.

Zum Ausklang seiner Karriere spielte Nickel 1983/84 bei Young Boys Bern und beendete im Sommer 1984 nach 20 Ligaspielen mit 9 Toren für YB seine aktive Karriere.

Vom 1. Mai 1968 bis 8. September 1972 bestritt der Frankfurter Mittelfeldspieler 41 Länderspiele mit 18 Toren in der deutschen Nationalmannschaft der Amateure. Nickel ist der Rekordschütze dieser Auswahl. Er stand gemeinsam mit Jürgen Kalb bei allen sechs Spielen der DFB-Mannschaft während des Olympiaturniers 1972 auf dem Platz.

Am 22. Dezember 1974 gehörte er dem Aufgebot der A-Nationalmannschaft für das EM-Qualifikationsspiel in Valletta gegen Malta an. An der Seite seiner Eintracht-Kollegen Bernd Hölzenbein und Charly Körbel wurde er im Laufe des Spiels eingewechselt.

Bernd Nickel starb nach langer Krankheit am 27. Oktober 2021 im Alter von 72 Jahren.

NACHSPIELZEIT

Ende April 1975 eröffnete Bernd Nickel in der Bethmannstraße 15 einen Eintracht-Shop und schaffte damit auch neben dem Spielfeld etwas in Deutschland bis dahin Einmaliges: Ein Geschäft, in dem es nur Fanartikel zu kaufen gab. Später übernahm Willi Schuster den Anlaufpunkt für Fans aus ganz Europa. Ihm folgten Joachim Garthe und Joachim Pflug. 2018 schloss der Eintracht-Shop, vier Jahre nachdem ihn die Eintracht Frankfurt Fußball AG übernommen hatte.

»FRIEDEL«

FRIEDRICH LUTZ
1977/78

AUF EINEN BLICK

SPIELE/S/U/N/TORE/TD/PUNKTE:
7. Platz
34 | 16 | 4 | 14 | 59:52 | 7 | 36:32

TOPSPIELER DER MANNSCHAFT:
Jürgen Grabowski (Kicker-Note: 2,29)

BESTER TORSCHÜTZE:
Bernd Hölzenbein (15 Treffer)

HÖCHSTER SIEG:
4:0 gegen Fortuna Düsseldorf, Bayern München und den 1. FC Saarbrücken

HÖCHSTE NIEDERLAGE:
0:5 bei Hertha BSC

ZUSCHAUERSCHNITT: 25.971

BESONDERES:
Am letzten Spieltag siegt Borussia Mönchengladbach gegen Dortmund mit 12:0 und egalisierte damit die Tordifferenz zu den punktgleichen Kölnern. Theoretisch. Da Köln gleichzeitig 5:0 bei St. Pauli gewinnt, wird der FC mit eben diesen fünf Toren Vorsprung Meister.

SAISONRÜCKBLICK

Mit nahezu unverändertem Kader und einer ebenso unveränderten Zielvorgabe – Meisterschaft – geht die Eintracht unter Guyla Lorant die neue Saison an. Doch es kommt anders: Die Mannschaft kann sich zwar oben festsetzen, für die Spitze reicht es aber nicht. Hinzu kommt Anfang Dezember ein einvernehmlicher Trainertausch: Lorant und Dettmar Cramer von Bayern München wechseln ihre Arbeitgeber. Mit dem Neuen auf der Bank beträgt der Abstand zum Platz an der Sonne 12 Punkte. Platz 7.

Meister wird der 1. FC Köln vor Borussia Mönchengladbach und Hertha BSC. Absteiger sind der FC St. Pauli, der 1. FC Saarbrücken und der TSV 1860 München.

Auch im UEFA-Cup hängen die Trauben hoch. Im Viertelfinale geraten die Grasshopper Zürich nach einem 3:2 im Waldstadion dank eines 0:1 in Zürich zum Stolperstein durch die Auswärtstore-Regel.

Im DFB-Pokal verabschiedet sich die Eintracht in der dritten Hauptrunde mit einer 0:2-Niederlage auf Schalke.

FRIEDRICH HEINRICH LUTZ
(* 21. Januar 1939 in Bad Vilbel)

DER BESONDERE MOMENT

Friedel Lutz ist der erste Spieler der Bundesliga-Geschichte, der

»Damals hat bis auf die Ausländer niemand vom Fußball leben können. Wir haben uns eben so durchgewurschtelt.«

Friedel Lutz am 21. Januar 2019 in der Wetterauer Zeitung

eine Rote Karte gezeigt bekommt. Aufgrund eines Tritts in den Hintern seines Braunschweiger Gegenspielers Jaro Deppe am 3. April 1971. »Es kam eine Flanke in den Strafraum, ich wollte den Ball in Schräglage aus der Gefahrenzone befördern. Da ist mir der Jaro Deppe mit gestrecktem Fuß auf das Schienbein drauf, ich hatte ja keine Schienbeinschoner an. Das hat höllisch wehgetan, da habe ich ihm in den Hintern getreten.«

Dass Friedel Lutz tatsächlich der Erste war, der die Rote Karte sah, erklärt sich dadurch, dass die Gelben und Roten Karten zwar auf FIFA-Ebene bereits zur Weltmeisterschaft 1970 eingeführt worden waren, die Bundesliga aber erst zur Rückrunde der Saison 1970/71 nachzog.

Friedel Lutz spielte in der Jugend bei der SG Nieder-Erlenbach und ab 1950 beim FV Bad Vilbel. Der Wechsel in die A-Jugend der Eintracht folgte 1957. Sein erstes Oberligaspiel bestritt der pfeilschnelle Abwehrspieler, der sein Tempo wohl auch dem Training der Leichtathletik-Abteilung des TV Bad Vilbel verdankte, am 29. September 1957 gegen die Stuttgarter Kickers.

Wie die anderen Meister von 1959 hat der gelernte Schlosser jeden Tag von 7 bis 15.30 Uhr gearbeitet, ehe es zum Training an den Riederwald ging.

Er kam in insgesamt 324 Ligaspielen für Frankfurt zum Einsatz (davon 200 Spiele in der Bundesliga und 124 Einsätze in der Oberliga). 1959 wurde er mit der Eintracht Deutscher Meister.

Nach der Weltmeisterschaft 1966 wechselte der frischgebackene Vize-Weltmeister zum Bundesligameister München 1860 und spielte 1966/67 bei den »Löwen«. Allerdings war die Runde Lutz nach elf Einsätzen beendet. Probleme mit der Achillessehne und der Föhn sorgten dafür, dass er nach nur einem Jahr zur Eintracht zurückkehrte. Danach spielte er weiter bis zur Saison 1972/73, wo Lutz nach wenigen Einsätzen zum Rundenstart seine Karriere nach insgesamt 124 Oberliga- und 211 Bundesligaeinsätzen sowie 14 Endrundenpartien um die Deutsche Meisterschaft von 1957/58 bis 1973 beendete.

Zwischen 1960 und 1966 trug er zwölf Mal das Trikot der deutschen A-Nationalmannschaft, vertrat bei der WM 1966 in England im Halbfinale gegen die Sowjetunion (2:1) den verletzten Horst-Dieter Höttges hervorragend und wurde Vize-Weltmeister. Häufigere Auftritte im Nationaltrikot verhinderte auch eine schwere Kopfverletzung vor der WM 1962.

NACHSPIELZEIT

Unter Vizepräsidenten Bernd Hölzenbein trat Friedel Lutz die Nachfolge von Anton Hübler als Zeugwart bei der Eintracht an. 2003 schickte der damalige Eintracht-Boss Heribert Bruchhagen den 65-Jährigen in Rente. Neun Jahre lang hat der gelernte Schlosser dafür gesorgt, dass die Trikots, Stutzen, T-Shirts, Fußballschuhe frisch gewaschen und geputzt den Spielern griffbereit zur Verfügung standen. Zwanzig bis fünfundzwanzig Koffer mussten sorgsam, bis hin zu den richtigen Stollen für jeden Boden, gepackt werden für die Auswärtsspiele.

»DER NACHTFALTER«

NORBERT NACHT-WEIH
1978/79

SAISONRÜCKBLICK

Erstaunlich: Die Eintracht schießt 36 Tore weniger als in der Saison

»Wir waren 19 Jahre eingesperrt – Frankfurt war die große Freiheit.«

Norbert Nachtweih

76/77, hat aber in der Endabrechnung nur drei Punkte weniger auf dem Konto. Die Zeiten, in denen die Adler auf Teufel komm raus nach vorne spielen, scheinen vorbei. Und trotzdem steht das Team unter Trainer Otto Knefler zur Halbzeit sehr ordentlich da. Nach einem 1:0-Sieg gegen Duisburg überwintert das Team auf Platz 4 der Liga nur sechs Punkte hinter Tabellenführer Kaiserslautern. Aber ohne Trainer, denn Kneflers Tätigkeit bei Eintracht Frankfurt wird durch eine Vertrags-

AUF EINEN BLICK

SPIELE/S/U/N/TORE/TD/PUNKTE:
5. Platz
34 | 16 | 7 | 11 | 50:49 | 1 | 39:29

TOPSPIELER DER MANNSCHAFT:
Willi Neuberger (Kicker-Note: 2,67)

BESTER TORSCHÜTZE:
Bernd Hölzenbein (8 Treffer)

HÖCHSTER SIEG:
4:2 gegen den VfL Bochum

HÖCHSTE NIEDERLAGE:
0:4 beim HSV und bei Schalke 04

ZUSCHAUERSCHNITT: 25.765

BESONDERES:
Fortuna Düsseldorf wird Pokalsieger und steht im Finale des Europapokals der Pokalsieger, das Fortuna 3:4 n. V. gegen den FC Barcelona in Basel verliert.

Im DFB-Pokal ist diesmal nach Siegen bei der SpVgg Bad Pyrmont (2:1), bei Werder Bremen (3:2), gegen den KSV Baunatal (4:1), in Dortmund (3:1) und gegen Rot-Weiss Oberhausen (2:1) erst im Halbfinale bei Hertha BSC (1:2) Schluss.

NORBERT NACHTWEIH
(* 4. Juni 1957 in Sangerhausen)

DER BESONDERE MOMENT

Gyula Lorant hat Nachtweih den Spitznamen »Nachtfalter« zu verdanken. Der Trainer warf dem Spieler sein ausschweifendes Privatleben vor. Wobei Nachtweih stets beteuerte, er und Pahl hätten sich in der Zeit der Sperre durch die FIFA ausgetobt.

Norbert Nachtweih stand schon mit sechs Jahren auf dem Fußballplatz. Angefangen bei Motor Sangerhausen, kickte er bis zu seinem 17. Lebensjahr bei Traktor Polleben, Stahl Eisleben und für den Hallescher FC Chemie, für den er bis 1976 35 Spiele in der DDR-Oberliga absolvierte.

Am 16. November 1976 nutzte er während der U-21-Fußball-Europameisterschaft die Gelegenheit, sich gemeinsam mit seinem Mannschaftskameraden Jürgen Pahl

auflösung zum 31. Dezember 1978 wegen eines Autounfalls und erneuter Erkrankung des Trainers frühzeitig beendet. Zwischendurch übernimmt Udo Klug, im Januar 1979 kommt Friedel Rausch, der Schalke 04 immerhin zur Vizemeisterschaft geführt hatte. Mit ihm gelingt ein achtbarer 5. Platz. Meister wird Hamburg vor dem VfB Stuttgart und dem 1. FC Kaiserslautern. Absteigen müssen Arminia Bielefeld, der 1. FC Nürnberg und Darmstadt 98.

über Istanbul mit Hilfe der türkischen Behörden und des deutschen Konsulats nach München abzusetzen. Dass er von 1978 bis 1982 im Mittelfeld der Eintracht spielte, war vor allem dem FDP-Politiker Wolfgang Mischnik zu verdanken. Der frühere Minister für Flüchtlinge und Vertriebene wurde auf die beiden aufmerksam und vermittelte sie zur Eintracht.

Sein Debüt erfolgte am 4. März 1978 (28. Spieltag) beim 2:0-Heimsieg gegen den VfB Stuttgart, gefolgt von vier weiteren Spielen bis Saisonende.

Von 1982 bis 1989 – in der letzten Saison als Abwehrspieler – war er beim FC Bayern München unter Vertrag. Danach wechselte er zum französischen Erstligisten AS Cannes, für den er von 1989 bis 1991 in 43 Ligaspielen eingesetzt wurde und zwei Tore erzielte. Im Team von Cannes spielte er mit dem damals nicht einmal 20-jährigen Zinédine Zidane, dessen legendäre Karriere noch bevorstand.

Zur Bundesliga-Saison 1991/92 kehrte Nachtweih für drei Liga- und zwei UEFA-Pokal-Spiele zur Eintracht zurück und wechselte schließlich im Winter zum Zweitligisten SV Waldhof Mannheim. Norbert Nachtweih absolvierte zwischen 1977 und 1982 insgesamt 164 Pflichtspiele für die Eintracht und traf 31 Mal.

Obwohl er zu den besten deutschen Fußballspielern der 1980er Jahre gehörte, blieb ihm eine Karriere in der A-Nationalmannschaft versagt, da er bereits Auswahlspiele für die DDR absolviert hatte. Mit der Eintracht gewann er den UEFA-Cup (1980) und den DFB-Pokal (1981). Mit den Bayern wurde er vier Mal Deutscher Meister (1985, 1986, 1987, 1989) und zwei Mal Pokalsieger (1984, 1986).

NACHSPIELZEIT

Norbert Nachtweih zählte zu den fast 80 Profis, die auf die von Eintracht-Vizepräsident Wolfgang Zenker vermittelten Bauherren-Modelle hereinfielen und vor dem finanziellen Ruin standen. In seinem Fall half wohl Bayern-Manager Uli Hoeneß, nachdem Nachtweih 1982 von den Bayern für eine Ablösesumme von 400.000 Euro aus Frankfurt gelotst worden war.

»DER POKALHELD«

FRED SCHAUB 1979/80

AUF EINEN BLICK

SPIELE/S/U/N/TORE/TD/PUNKTE:
9. Platz
34 | 15 | 2 | 17 | 65:61 | 4 | 32:36

TOPSPIELER DER MANNSCHAFT:
Bun Kun Cha (Kicker-Note: 2,45)

BESTER TORSCHÜTZE:
Bun Kun Cha (12 Treffer)

HÖCHSTER SIEG:
6:0 gegen den MSV Duisburg

HÖCHSTE NIEDERLAGE:
0:5 beim HSV

ZUSCHAUERSCHNITT: 25.765

BESONDERES:
Am 15. März 1980 endet im Spiel der Eintracht gegen Borussia Mönchengladbach (5:2) nach einem Foul von Lothar Matthäus die Karriere von Jürgen Grabowski. Die geschmacklose Aussage Matthäus', Grabi sei nur auf die Invaliditätsauszahlung aus gewesen, hat ihm das Fan-Lager der Eintracht nie verziehen.

SAISONRÜCKBLICK

Mit 12:6 Punkten ist der Start in die Saison 1979/80 durchaus gelungen. Da haben die Eintracht-Fans schon Schlechteres gesehen. Vor allem weil sie bis auf das 0:1 gegen Dortmund gleich zu Beginn durchweg Heimsiege – darunter auch ein 3:2 gegen Bayern München – miterleben dürfen. Punkteteilungen sind in diesem Jahr nichts für die Eintracht. Gerade zwei Mal (in Köln und gegen 1860 München) stehen Remis zu Buche. Ansonsten lautet das Motto: hop oder top. Meister wird der FC Bayern München vor dem Hamburger SV und dem VfB Stuttgart, absteigen müssen Eintracht Braunschweig, der SV Werder Bremen und Hertha BSC.

Das »Himmelhoch jauchzend, zu Tode betrübt« gilt für die Adler auch in den Pokal-Wettbewerben. Im DFB-Pokal ist im Achtelfinale beim VfB-Stuttgart (2:3) Schluss, im UEFA-Cup hingegen gelingt gegen Borussia Mönchengladbach (3:4 und 1:0) der ganz große Wurf. Auf dem Weg in dieses unvergessliche Finale am 21. Mai 1980 im restlos ausverkauften Frankfurter Waldstadion räumt die Mannschaft den FC Aberdeen (1:1 und 4:1), Dinamo Bukarest (0:2 und 3:0 n. V.), Feyenoord Rotterdam (4:1 und 0:1), Zbrojovka Brünn (4:1 und 2:3) und Bayern München (0:2 und 5:1 n. V.) aus dem Weg.

FRED SCHAUB
(* 28. August 1960 in Fulda;
† 22. April 2003 in Fulda)

DER BESONDERE MOMENT

Im UEFA-Pokal-Finale 1980 zwischen der Eintracht und Borussia Mönchengladbach – Hinspiel 3:2 für Gladbach – wird Fred Schaub in der 77. Minute für Norbert Nachtweih eingewechselt und erzielt nur vier Minuten später das entscheidende Tor. Eintracht wird dank der Auswärtstorregel UEFA-Cup-Sieger.

Fred Schaub kam 1976 vom SV Neuhof nach Frankfurt und wurde mit der Eintracht 1977 deutscher B-Jugend-Meister. In der Saison 1978/79 war Schaub als Mittelstürmer Stammspieler der A-Junioren-Nationalmannschaft des DFB. Am 13. Januar 1979 debütierte er in der Bundesligamannschaft und erzielte danach in zehn Einsätzen zwei Tore. In der folgenden Saison gelangen ihm jedoch nur sechs Ein-

»Ich bin an diesem Tor gescheitert!«

Fred Schaub

son zur SpVgg Greuther Fürth in die 2. Bundesliga. Dort kam er in zweieinhalb Jahren auf 85 Zweitligaspiele, in denen er 36 Treffer erzielte.

Er spielte auch für Borussia Dortmund, Hannover 96 und den SC Freiburg, bevor es ihn nach Österreich zu Admira Wacker zog.

sätze in der Bundesliga. Dann folgte das UEFA-Pokal-Finale, aber trotz seines Images als Pokal-Held konnte sich Schaub auch in der Saison 1980/81 nicht als Stammspieler durchsetzen, nach 21 Ligaspielen und drei Toren wechselte er während der Sai-

NACHSPIELZEIT

Schaub war Nachwuchstrainer beim VfB Admira Wacker Mödling, als er am 22. April 2003 morgens um 7.20 Uhr auf dem Rückweg von einem Osterbesuch bei seiner Mutter auf der A7 in der Nähe von Fulda aus ungeklärter Ursache ungebremst in einen Lkw knallte. Er starb noch an der Unfallstelle, sein achtjähriger Sohn Louis, der später österreichischer Fußballnationalspieler wurde, überlebte verletzt.

»BECKENBAUER VOM BODENSEE«

BRUNO PEZZEY
1980/81

»Beim Namen Pezzey denken Eintracht-Fans vor allem an zwei Spiele: das Halbfinale im UEFA-Cup gegen Bayern und das DFB-Pokal-Viertelfinale gegen Stuttgart.«

Matthias Thoma, Leiter des Museums von Eintracht Frankfurt

SAISONRÜCKBLICK

Das ausgegebene Saisonziel nach dem überraschenden Triumph im internationalen Wettbewerb unter dem neuen Trainer Lothar Buchmann die Meisterschaft ins Visier zu nehmen, wird deutlich verfehlt. Mehr als vier Plätze kann sich die Eintracht im Jahr eins nach Jürgen Grabowski in der Tabelle nicht verbessern. Meister wird Bayern München vor dem HSV und dem VfB Stuttgart. Den Gang in die 2. Liga müssen 1860 München, Schalke 04 und Bayer Uerdingen antreten.

Im DFB-Pokal erreicht die Eintracht nach Siegen beim VfB Gaggenau

AUF EINEN BLICK

SPIELE/S/U/N/TORE/TD/PUNKTE:
5. Platz
34 | 13 | 12 | 9 | 61:57 | 4 | 38:30

TOPSPIELER DER MANNSCHAFT:
Bruno Pezzey (Kicker-Note: 2,16)

BESTER TORSCHÜTZE:
Bernd Hölzenbein (11 Treffer)

HÖCHSTER SIEG:
5:0 gegen Schalke 04

HÖCHSTE NIEDERLAGE:
2:7 bei Bayern München

ZUSCHAUERSCHNITT: 21.441

BESONDERES:
Bruno Pezzey wird von den Lesern des Fachmagazins Kicker zum beliebtesten ausländischen Spieler der Liga gewählt.

(3:0), beim VfB Friedrichshafen (6:0), gegen Ulm (3:0), beim VfB Oldenburg (5:4), gegen Stuttgart (2:1) und Hertha BSC (1:0) das Finale und holt im Stuttgarter Neckarstadion nach einem 3:1-Sieg gegen den 1. FC Kaiserslautern durch Tore von Neuberger, Borchers und Cha den Pott zum dritten Mal nach Frankfurt.

Im UEFA-Pokal hingegen ist für den Titelverteidiger bereits im Achtelfinale gegen den FC Sochaux Schluss. Nach dem 4:2 im Waldstadion verlieren die Adlerträger 0:2 und scheiden aufgrund der geltenden Auswärtstorregel aus. Die Hürden Schachtjor Donezk und FC Utrecht hatten die Mannschaft jedoch noch problemlos genommen.

BRUNO PEZZEY

(* 3. Februar 1955 in Lauterach, Vorarlberg; † 31. Dezember 1994 in Innsbruck)

DER BESONDERE MOMENT

22. April 1980: UEFA-Cup-Halbfinale gegen Bayern München. 50.000 Zuschauer im Waldstadion sind völlig aus dem Häuschen, als Bruno Pezzey in der 83. Minute mit seinem zweiten Kopfballtreffer das 0:2 aus dem Hinspiel egalisiert und die Eintracht in die Verlängerung bringt. Am Ende heißt es 5:1 – Finale.

Bruno Pezzey begann mit dem Fußballspielen beim FC Lauterach. Im Alter von 18 Jahren wurde er vom FC Vorarlberg in die Bundesliga (damals noch Nationalliga) geholt und kam bereits in seiner Debütsaison auf 28 Meisterschaftseinsätze. 1974 wechselte er zu Wacker Innsbruck. Der Verteidiger bestritt als Nationalspieler alle Spiele für Österreich bei der WM 1978 in Argentinien und 1982 in Spanien.

Zur Saison 1978/79 wechselte Pezzey für eine kolportierte Ablösesumme von 5,8 Millionen Schilling (ca. 400.000 Euro) zu Eintracht Frankfurt. Mit der Eintracht wurde er 1980 UEFA-Pokalsieger und ein Jahr später Pokalsieger. Vor allem im UEFA-Cup-Halbfinale gegen den FC Bayern München steuerte er die beiden entscheidenden Treffer zum 2:0 bei, die die Verlängerung und den 5:1-Sieg erst möglich machten.

Am 25. Juni 1979 durfte Bruno Pezzey als Eintrachtler für die Weltauswahl der FIFA spielen, als Spieler der Europaauswahl gelang ihm am 7. August 1982 beim 3:2-Sieg über die Weltauswahl ein Tor. Von 1979 bis 1982 war er vier Mal in Serie für die Wahl von Europas Fußballer des Jahres nominiert, konnte den Titel allerdings nicht gewinnen. Pezzey spielte von 1978 bis 1983 181 Mal für die Eintracht und schoss dabei 38 Tore. 1983 gab die klamme Eintracht den Spieler, der bis heute als einer der besten österreichischen Verteidiger der Nachkriegszeit gilt, an Werder Bremen ab.

NACHSPIELZEIT

Im Alter von 39 Jahren starb Pezzey am Silvestertag des Jahres 1994 während eines privaten Jux-Eishockeyspiels an einem plötzlichen Herztod. Er war verheiratet und hatte zwei Töchter. Der Sportplatz seines Heimatvereins in Lauterach trägt seinen Namen.

»TSCHA BUM«

BUM-KUN CHA
1981/82

AUF EINEN BLICK

SPIELE/S/U/N/TORE/TD/PUNKTE:
8. Platz
34 | 17 | 3 | 14 | 83:72 | 11 | 37:31

TOPSPIELER DER MANNSCHAFT:
Karl-Heinz Körbel (Kicker-Note: 2,47)

BESTER TORSCHÜTZE:
Bum-kun Cha (11 Treffer)

HÖCHSTER SIEG:
9:2 gegen Werder Bremen

HÖCHSTE NIEDERLAGE:
2:6 beim 1. FC Kaiserslautern

ZUSCHAUERSCHNITT: 21.147

BESONDERES:
Erstmals und zunächst bis 1991 finden Relegationsspiele zwischen dem Sechzehnten (und damit Drittletzten) der Bundesliga und dem Dritten der eingleisigen 2. Bundesliga statt. In der Premiere besiegt Bayer Leverkusen die Offenbacher Kickers mit 1:0.

SAISONRÜCKBLICK

Nach dem Pokalsieg 1981 im Stuttgarter Neckarstadion gegen den 1. FC Kaiserslautern zieht auch Bernd Hölzenbein das Eintracht-Trikot endgültig aus, erfüllt sich einen Traum und wechselt in die US-Liga und der Umbau der Mannschaft nimmt auch im zweiten Jahr von Trainer Lothar Buchmann nur langsam Gestalt an. So fällt die Bilanz am Ende eher nüchtern aus. Platz 8 jenseits von Gut und Böse. Meister wird der Hamburger SV vor dem 1. FC Köln und dem FC Bayern München. Absteigen müssen Darmstadt 98 und der MSV Duisburg.

Im DFB-Pokal zeigt die Eintracht einmal mehr ihre Schattenseiten. Kann sich der Titelverteidiger noch gegen den BSC Brunsbüttel standesgemäß mit 6:1 durchsetzen, ist jedoch in Runde 2 dank einer 1:3-Niederlage bei Fortuna Düsseldorf die Reise bereits zu Ende.

Im Europapokal der Pokalsieger ist im Viertelfinale gegen die Tottenham Hotspurs nach großem Kampf (Hinspiel 0:2, Rückspiel 2:1) Endstation. Schon in der ersten Runde gegen die Mannschaft von PAOK Saloníki kann das Weiterkommen nach dem 2:0-Heimsieg nur mit einem 5:4 im Elfmeterschießen klargemacht werden. Im Achtelfinale wird der ASK Rostov nach einem 0:1 im Hinspiel noch mit 2:0 im Waldstadion niedergekämpft.

BUM-KUN CHA
(* 22. Mai 1953 in Hwaseong)

DER BESONDERE MOMENT

Gleich im ersten Jahr holte Tscha Bum mit der Eintracht den UEFA-Cup. Wobei es ein bisschen gedauert hat, bis er den Wert der Trophäe realisierte, wie er selbst einmal schilderte: »Überall in der Stadt wurde mir auf die Schultern geklopft und als ich den Pokal auf dem Römerbalkon hochhob, jubelten mir die Massen zu. Da wurde mir klar, dass wir wohl doch etwas Besonderes geschafft hatten.«

Bum-kun Cha begann mit 15 Jahren mit dem Fußballspiel und schloss sich dem Luftwaffen Fußball-Club Hwaseong an. Bereits mit 19 wurde er südkoreanischer Nationalspieler.

1978 wechselte er nach Deutschland in die Fußball-Bundesliga zum SV Darmstadt 98. Für die Lilien konnte er allerdings nur einmal auflaufen, da er nach Südkorea zurückkehren musste, um seinen Wehrdienst zu absolvieren. Zurück

Schön ist, Mutter Natur, deiner Erfindung Pracht, Die den großen Gedanken vermochte, den Knaben zu träumen, zu denken – und dann auch zu Bilden mit den schnellen, beseelten, jauchzenden Füßen des Jünglings: Flink, flitzend, Flirrend und flackernd – nicht lange fackelnd, Doch feuernd und feiernd; den fühlenden Herzen Frankfurts zur Freude. Bum Kun Cha! Freund aus dem Osten! Fremdling bist Du nicht länger – nicht bitt'res Los ist Exil Dir! Heimat, die zweite, du fandst sie.

Aus dem Gedicht »Hymne auf Bum Kun Cha« des Schriftstellers Eckhard Henscheid

Tore kam, wechselte er zur Saison 1983/84 zu Bayer 04 Leverkusen. Mit der Werkself wiederholte er acht Jahre nach dem Eintracht-Triumph den UEFA-Cup-Sieg. 1989 beendete er schließlich seine aktive Laufbahn nach 185 Spielen und 52 Toren für Leverkusen und kehrte nach Südkorea zurück.

Für Südkorea erzielte Cha Bum-kun in 127 Länderspielen 55 Tore. Er war Teil der Mannschaft, die beim 1:1 gegen Bulgarien bei der Fußball-WM 1986 in Mexiko den ersten WM-Punkt seiner Geschichte erspielte.

in Deutschland, nahm ihn die Eintracht zur Saison 1979/80 unter Vertrag.

Er gewann mit der Eintracht 1980 den UEFA-Cup und ein Jahr später den DFB-Pokal. Nach vier Spielzeiten, in denen er auf 122 Bundesligaeinsätze und 46

NACHSPIELZEIT

Bum-kun Cha war vom 15. Dezember 1978 bis 10. Februar 1989 bzw. 22. Juni 1990 Weltrekordhalter mit 116 bis 121 Spielen. Von der Asian Football Confederation wurde er als Asiens Fußballer des 20. Jahrhunderts ausgezeichnet. Außerdem verlieh Bundespräsident Frank-Walter Steinmeier Cha Bum-kun 2019 das Verdienstkreuz am Bande des Verdienstordens der Bundesrepublik Deutschland für seinen jahrzehntelangen Einsatz für die deutsch-koreanischen Beziehungen.

Und: Es erschien sogar ein Buch in koreanischer Sprache, das seine ersten Jahre in Deutschland zeigt.

»MANNI, DER LIBERO«

MANFRED BINZ
1982/83

»Wenn in diesem raubeinigen Sport tatsächlich so etwas zählt wie Beständigkeit, Dauerhaftigkeit oder Stehvermögen, dann ist Binz einer der ganz Großen in der Liga.«

Frankfurter Rundschau im Juli 1990

SAISONRÜCKBLICK

Der graue Alltag hat die Eintracht in der 20. Bundesligasaison eingeholt. Und die Verzweiflung am Riederwald ist groß. So wird der neue Trainer Helmut Senekowitsch bereits im September vom Hof gejagt und durch Branco Zebec ersetzt, der zuvor sowohl mit Bayern München als auch mit dem HSV die Schale geholt hatte. Pikant: Der Vertrag wird zwischen den Spielen der Eintracht gegen die beiden Teams gemacht. In München verliert die Eintracht noch ohne Zebec 0:4, gegen den HSV gibt es mit ihm ein 1:1. Aber: Am Ende stehen nur 12 Siege

AUF EINEN BLICK

SPIELE/S/U/N/TORE/TD/PUNKTE:
10. Platz
34 | 12 | 5 | 17 | 48:57 | -9 | 29:39

TOPSPIELER DER MANNSCHAFT:
Bernd Nickel (Kicker-Note: 2,48)

BESTER TORSCHÜTZE:
Bum Kun Cha (15 Treffer)

HÖCHSTER SIEG:
5:0 gegen Bayer Leverkusen

HÖCHSTE NIEDERLAGE:
1:5 bei Fortuna Düsseldorf

ZUSCHAUERSCHNITT: 21.818

BESONDERES:
Am 16. Spieltag fabriziert Torhüter Jürgen Pahl das ungewöhnlichste Eigentor der Liga-Geschichte. Er wirft sich den Ball bei einem in letzter Sekunde abgebrochenen und dann hoffnungslos verunglückten Abwurf zu Ralf Falkenmeier quasi selbst ins Tor.

zu Buche. Viel zu wenig, um sich aus dem grauen Mittelfeld wieder etwas nach oben bewegen zu können. Meister wird der Hamburger SV vor Werder Bremen und dem VfB Stuttgart. Direkt wieder zurück geht es für die beiden Aufsteiger Schalke 04 und Hertha BSC, begleitet vom Karlsruher SC.

Eine bittere Pleite muss der dreifache Pokalsieger bereits in der ersten Runde des DFB-Pokals hinnehmen. Mit einem 0:2 beim Zweitligisten und späteren Aufsteiger SV Waldhof Mannheim verabschiedet sich die Eintracht aus dem Wettbewerb.

MANFRED BINZ
(* 22. September 1965 in Frankfurt am Main)

DER BESONDERE MOMENT

Nachdem kurz vor Saisonbeginn 1986 mehrere Spieler verletzungsbedingt ausgefallen waren, holt

Dietrich Weise den ausgemusterten Binz wieder in den Profikader. Der nutzt seine Chance, erkämpft sich durch überzeugende Leistungen einen Stammplatz und wird zum unumstrittenen Abwehrchef der Eintracht, der in acht Jahren 246 Bundesliga-Spiele in Folge absolviert.

Manfred Binz kam 1979 mit 13 Jahren vom VfR Bockenheim zur Eintracht. Sechs Jahre später darf er am 2. März 1985 zum ersten Mal mit den Profis auflaufen. Seinen ersten Profivertrag soll er dabei kurz zuvor früh morgens auf einer Mülltonne unterschrieben haben. Nachdem Schalke 04 Interesse signalisierte, machte die Eintracht Nägel mit Köpfen. Binz erzielte in der Bundesliga in 336 Spielen 26 Tore. Im DFB-Pokal, den er mit der Eintracht 1988 gewinnen konnte, lief er 36 Mal auf und schoss 8 Tore, im Europacup 31 Mal (1 Tor). Nach dem Abstieg der Eintracht verließ er Frankfurt in Richtung Italien und stieg mit dem italienischen Zweitligisten Brescia Calcio sofort in die erste Liga auf. In der Winterpause 1997/98 wechselte er zurück in die Bundesliga zu Borussia Dortmund. Im Sommer 1999 kehrte er in seine hessische Heimat zurück und heuerte beim Zweitligisten Kickers Offenbach an. Dort folgte schon ein Jahr später der Abstieg in die Regionalliga Süd. Binz blieb den Kickers noch zwei Jahre treu und wechselte dann wieder zur Eintracht, für deren Amateur-Mannschaft er 2003 noch einmal acht Spiele in der Regionalliga Süd bestritt.

Er trug das Nationaltrikot insgesamt 14 Mal und auch bei der EM 1992 in Schweden, wo er allerdings nach der Vorrunde nicht mehr eingesetzt wurde. Am Ende wurde er Vize-Europameister.

NACHSPIELZEIT

Auch eine Menge Eintracht-Fans haben es vor dem Fernseher miterlebt und sich köstlich über den Torfall von Madrid am 1. April 1998 vor dem Anpfiff des Halbfinal-Spiels der UEFA Champions League zwischen Real Madrid und Borussia Dortmund amüsiert. Besser über die launige Moderation von Marcel Reif und Günther Jauch. Ein Frankfurter Bub hatte weniger Spaß an der Verzögerung. Manfred Binz saß mit dem BVB in der Dortmunder Kabine und musste 76 Minuten lang warten.

»DISCO-RONNY«

RONALD BORCHERS 1983/84

SAISONRÜCKBLICK

Sehr früh wird die Eintracht in der Saison 1983/84 ihrem Ruf als Verein mit den meisten vorzeitigen Trainerentlassungen gerecht. Wenn auch nicht ganz freiwillig, denn Branko Zebec wirft am 17. Oktober 1983 selbst das Handtuch.

Er tritt als Eintracht-Trainer zurück, nachdem er mit der Mannschaft in Abstiegsgefahr geraten ist und ein Teil der Mannschaft verloren hat. Jugendtrainer Klaus Mank und Eintrachtlegende Jürgen Grabowski übernehmen für zwei Spiele, dann wird mit Dietrich Weise ein alter Bekannter zurückgeholt und muss sich im zähen Abstiegskampf beweisen. Erst am 31. Spieltag kann sich die Eintracht drei Punkte vom 17. Platz absetzen. In der Relegation siegt die Mannschaft in Duisburg mit 5:0. Das Rückspiel (1:1) in Frankfurt wollen trotzdem 42.000 Zuschauer sehen und den Klassenerhalt feiern.

AUF EINEN BLICK

SPIELE/S/U/N/TORE/TD/PUNKTE:
16. Platz
34 | 7 | 13 | 14 | 45:61 | -16 | 27:41

TOPSPIELER DER MANNSCHAFT:
Jürgen Pahl (Kicker-Note: 2,74)

BESTER TORSCHÜTZE:
Ralf Falkenmayer (8 Treffer)

HÖCHSTER SIEG:
3:0 gegen den 1. FC Kaiserslautern, Fortuna Düsseldorf und Kickers Offenbach

HÖCHSTE NIEDERLAGE:
0:7 beim 1. FC Köln

ZUSCHAUERSCHNITT: 22.676

BESONDERES:
Am 32. und 33. Spieltag greift die Eintracht ins Meisterschaftsrennen ein. 2:2 spielt das abstiegsbedrohte Team in Stuttgart, gewinnt dann als sicherer Relegationsteilnehmer am vorletzten Spieltag 2:0 beim HSV und macht damit den VfB zum Meister.

Bis auf die Knochen blamiert sich die Mannschaft hingegen beim Aus in der ersten DFB-Pokalrunde. 2:4 verliert die Eintracht gegen die Amateure von Göttingen 05.

RONALD BORCHERS
(* 10. August 1957 in Frankfurt am Main)

DER BESONDERE MOMENT

Als bestes Spiel von Ronny Borchers gilt das Pokalfinale 1981 gegen den 1. FC Kaiserslautern. Die

>»Ich hatte damals eine eigene Junggesellenbude und dachte mir nach dem ersten Spiel: Jetzt hast du es geschafft…Ja, Scheißdreck! Nichts hatte ich geschafft.«
>
> *Ronny Borchers in der BILD-Zeitung im August 2017*

Eintracht siegte 3:1 und Borchers zeigte nicht nur bei seinem Tor zum 2:0, als er einen 30-Meter-Pass von Norbert Nachtweih aus vollem Lauf mit Links in den Torwinkel lupfte, ein Weltklasse-Spiel.

Ronald Borchers begann beim SV Niederursel mit neun Jahren Fußball zu spielen. Über Germania Ginnheim (1968 bis 1970) kam er zur Eintracht. Von 1970 bis 1984 – 1975 holte ihn Dietrich Weise in den Bundesligakader – war er anfangs als Stürmer, später als Mittelfeldspieler ein wichtiger Teil der Mannschaft.

So wichtig, dass der neu gewählte Eintracht-Präsident Axel Schander 1981 sogar ein 1,8 Millionen-Angebot des HSV ausschlug und versprach: »Borchers wird auf keinen Fall verkauft!«

1984 war es dann doch so weit. Die wieder einmal klamme Eintracht gab Borchers im Oktober an Arminia Bielefeld ab. Dort spielte er nur ein Jahr, wechselte 1985 zu den Grashopper Zürich und erneut ein Jahr später zu Waldhof Mannheim. Die letzten Stationen waren der FSV Frankfurt, Kickers Offenbach, die Eintracht Amateure und der SV Bernbach.

Für die Eintracht schoss Borchers in 169 Bundesligaspielen 24 Tore sowie 6 Tore in 17 DFB-Pokalspielen und noch einmal drei in 20 Europapokalspielen.

Seine größten Erfolge feierte er mit der Eintracht. Mit ihr wurde er 1980 UEFA-Pokalsieger und 1981 DFB-Pokalsieger. Er gehört zu den nur knapp 100 Spielern der 1. Bundesliga, denen ein Hattrick gelang (am 14. November 1981 beim 9:2-Sieg der Eintracht gegen Werder Bremen).

Nach seiner Karriere als Spieler war Ronald Borchers als Trainer bei unterklassigen Mannschaften tätig.

Borchers hat 1978 vier Mal für die Amateurnationalmannschaft gespielt und absolvierte bereits mit 21 Jahren als Einwechselspieler sein erstes A-Länderspiel (3:1 gegen die Niederlande). Bis September 1981 bestritt er sechs weitere Länderspiele und zählte zum erweiterten Kader der WM 1982 in Spanien, wurde jedoch nicht berücksichtigt.

NACHSPIELZEIT

Sowohl die Medien als auch große Teile der Eintracht-Anhänger hatten für die Vorliebe des 21-jährigen Jungnationalspielers für teure Kleidung und PS-starke Autos wenig Verständnis. So wurde unter den Kiebitzen beim Training gerne die Anekdote erzählt, dass Borchers, als es während des Trainings anfing zu regnen, in hohem Tempo am Trainer vorbei vom Feld rannte, weil er vergessen hatte, sein Cabrio-Dach zu schließen. Den von einem Boulevard-Blatt verliehenen Titel »Disco-Ronny« nutzen die Fans allerdings auch noch, als Borchers längst seinen teuren Sportwagen gegen einen Mittelklassewagen getauscht hatte und aus den Klatschspalten verschwunden war.

»E.T.«

RALF FALKENMAYER
1984/85

»Einmal Adler, immer Adler. Ich bleibe einfach ein Frankfurter Bub!«

Ralf Falkenmayer

AUF EINEN BLICK

SPIELE/S/U/N/TORE/TD/PUNKTE:
12. Platz
34 | 10 | 12 | 12 | 62:67 | -5 | 32:36

TOPSPIELER DER MANNSCHAFT:
Ralf Falkenmayer (Kicker-Note: 2,86)

BESTER TORSCHÜTZE:
Harald Krämer (10 Treffer)

HÖCHSTER SIEG:
7:2 gegen Waldhof Mannheim

HÖCHSTE NIEDERLAGE:
0:5 bei Eintracht Braunschweig

ZUSCHAUERSCHNITT: 23.441

BESONDERES:
Das Nachholspiel des 12. Spieltags zwischen Borussia Mönchengladbach und Bayern München am 11. Dezember 1984 am Mönchengladbacher Bökelberg wird zur ersten Live-Vollübertragung einer Bundesligapartie. Für die übertragende ARD kommentierte Heribert Faßbender das 3:2 der Borussia.

SAISONRÜCKBLICK

Ist die Eintracht in der Saison 1984/85 mit dem 12. Platz eigentlich unter Wert weggekommen? Spätestens bei der Lektüre des Kicker nach Saisonschluss wird das unter den Fans eifrig debattiert. Schließlich landet die Weise-Truppe mit einem Notendurchschnitt von 3,21 auf Platz 6 des Kicker-Noten-Rankings. Gerade zu Hause zeigt sich die junge Mannschaft nach der Beinahe-Bruchlandung im Vorjahr durchaus erholt. Neun Heimsiegen und sechs Punkteteilungen stehen nur zwei Niederlagen (gegen Werder Bremen und den 1. FC Köln) gegenüber. Auswärts al-

lerdings gibt es nur auf Schalke (3:1) etwas zu ernten. Und das schlägt böse zu Buche. Genau betrachtet, legt die Eintracht einmal mehr einen Ritt auf der Rasierklinge hin. Tatsächlich sind es nur drei Pünktchen, die die Adler von Bielefeld auf dem Relegationsplatz trennen. Meister wird Bayern München vor Werder Bremen und dem 1. FC Köln, absteigen müssen Bielefeld nach der verlorenen Relegation gegen den 1. FC Saarbrücken, der Karlsruher SC und Eintracht Braunschweig.

Im DFB-Pokal streicht die Eintracht nach einem 3:1 bei Eintracht Braunschweig in der 1. Runde mit einem 2:4 n. V., bei Borussia Mönchengladbach schon in Runde 2 die Segel.

RALF FALKENMAYER
(* 11. Februar 1963 in Frankfurt am Main)

DER BESONDERE MOMENT

Eines seiner besten Spiele liefert Ralf Falkenmayer, der in Mannschaftskreisen gerne auch E.T. genannt wird, im Achtelfinale des UEFA-Cups 1994/95 beim SCC Neapel. »Falke« krönt sein Riesenspiel mit dem 1:0-Siegtreffer. Die Eintracht zieht ins Viertelfinale ein und scheitert dort an Juventus Turin. Wobei Falkenmayer auch in Turin eine unvergessliche Szene hatte. Als Schlitzohr Fabrizio Ravanelli »Falke« ruft, spielte der ihm den Ball zu, ohne hinzuschauen.

Ralf Falkenmayer begann mit fünf Jahren beim SV Niederursel mit dem Fußballspielen. Elf Jahre später, 1979, wurden Talentspäher auf ihn aufmerksam und holten ihn zur A-Jugend der Eintracht, wo er bereits in den letzten beiden Bundesligaspielen der Saison 1980/81 zum Einsatz kam. Das erste Spiel (0:4 gegen Borussia Dortmund) bestritt Falkenmayer drei Tage, nachdem er das EM-Finale der deutschen A-Juniorenauswahl mit 1:0 gegen Polen gewonnen hatte.

Ab 1981/82 gehörte der leichtfüßige Dauerläufer bis zu seinem Wechsel nach Leverkusen der Stammbesetzung der Eintracht an. Mit Bayer Leverkusen gewann er 1988 den UEFA-Pokal gegen Español Barcelona (3:2 im Elfmeterschießen – Falkenmayer verschoss den ersten Elfer).

1989 kehrte er zur Eintracht zurück, erreichte mit der Mannschaft drei Mal Platz 3 (1990, 1992, 1993) und holte sich 1992 und 1994 sogar die Herbstmeisterschaft. Zum Titel reichte es aber nicht. Schlimmer noch: 1996 folgte der Abstieg in die 2. Bundesliga und der Abschied von Falkenmayer. Er wechselte zu Eintracht Trier, wo er zwei Jahre später seine Karriere aufgrund eines gebrochenen Knöchels beenden musste.

Für die Nationalelf bestritt er unter Teamchef Franz Beckenbauer vier Länderspiele zwischen Herbst 1984 und Frühjahr 1986.

Nach seiner aktiven Zeit schloss der gelernte Schwimmmeistergehilfe noch eine Ausbildung zum Automobilkaufmann erfolgreich ab.

NACHSPIELZEIT

Das Karriereende war für Ralf Falkenmayer schwer zu verdauen. »Ich habe in dieser Zeit wirklich alles versucht, um wieder kicken zu können. Aber es ging einfach nicht mehr«, erzählte er im Rückblick, dass das Ende für ihn und vor allem seine Familie eine sehr schwere Zeit gewesen sei: »Der Fußball ist doch mein Leben gewesen. Es hat lange gedauert, bis ich das Ende der Karriere akzeptieren konnte.«

»HEINTJE«

ANDREAS MÖLLER
1985/86

AUF EINEN BLICK

SPIELE/S/U/N/TORE/TD/PUNKTE:
15. Platz
34 | 7 | 14 | 13 | 35:49 | -14 | 28:40

TOPSPIELER DER MANNSCHAFT:
Hans-Jürgen Gundelach (Kicker-Note: 2,83)

BESTER TORSCHÜTZE:
Klaus Theiss (7 Treffer)

HÖCHSTER SIEG:
3:0 gegen den Hamburger SV und gegen Schalke 04

HÖCHSTE NIEDERLAGE:
0:4 bei Werder Bremen

ZUSCHAUERSCHNITT: 16.471

BESONDERES:
Mit Eintracht-Neuzugang Dave Mitchell spielte der erste Australier in der Bundesliga.

SAISONRÜCKBLICK

Ganz klar: Sieben Siege aus 34 Spielen sind eindeutig zu wenig, um in ruhigen Fahrwassern unterwegs zu sein. Was durch den 12. Tabellenplatz im Vorjahr aufgehübscht worden war, kommt in der Saison 1985/86 bumerangartig zurück. Nur das um zwei Tore bessere Torverhältnis sorgt dafür, dass nicht die Eintracht, sondern der BVB in die Relegation muss. Wobei die prekäre Tabellensituation tatsächlich erst durch drei Niederlagen am Saisonende zustande kommt. Am 31. Spieltag steht die Mannschaft noch auf Platz 11 und ahnt nichts davon, wie knapp es am Ende werden soll.

Meister wird Bayern München vor Werder Bremen und Bayer 05 Uerdingen. Absteigen müssen die beiden Neulinge 1. FC Saarbrücken und Hannover 96, Dortmund rettet sich über ein Entscheidungsspiel in der Relegation gegen Fortuna Köln.

Im DFB-Pokal wiederholt sich für die Eintracht das Schicksal des Vorjahres. Die 1:3-Niederlage beim 1. FC Kaiserslautern bedeutet das frühe Aus.

ANDREAS »ANDY« MÖLLER
(* 2. September 1967 in Frankfurt am Main)

DER BESONDERE MOMENT

Andreas Möller hat so ziemlich alles gewonnen, was es im Fußball zu gewinnen gibt. Seine Karriere ist dennoch nicht makellos verlaufen. Nicht eingehaltene Treueschwüre gegenüber auch der Eintracht, der »Mutter« aller Strafraum-Schwal-

»Der Bengel ist so empfindlich, der holt sich sogar einen Schnupfen, wenn er zu nah an der Drehtür steht!«

Max Merkel über Andreas Möller

ben, und das Image, allzu zart besaitet zu sein, sorgen nachhaltig dafür, dass der Frankfurter nie unumstritten war. Aber: Nicht nur für viele Eintracht-Fans ist und bleibt Andy Möller eine Legende. Auch führende Sportjournalisten haben ihn in die »Hall of Fame« des deutschen Fußballs gewählt.

Andreas Möller begann mit dem Fußballspielen beim BSC Schwarz-Weiß 1919 Frankfurt. Mit 14 wechselte er in den Nachwuchsbereich der Eintracht und konnte bereits in seinem vierten Jahr am Riederwald 1985 die deutsche A-Jugend-Meisterschaft gewinnen. Seinen ersten Einsatz in der Bundesliga hatte er am letzten Spieltag der Saison 1985/86 gegen den Hamburger SV. Im dritten Profijahr (1987/88), das für Möller gleich mit zwei Toren gegen Bayer

Obwohl er in Dortmund als Leistungsträger galt, kehrte er im Sommer 1990 nach Frankfurt zurück. Und wäre nach eigenem Bekunden auch in der Saison 1992/93 gerne für die Eintracht aufgelaufen. Doch Juventus Turin löste nach einigem rechtlichen Hickhack ein Optionsrecht für 1,3 Millionen DM ein. Bittere Pille: Möller musste sich mit einer Zahlung von 5 Millionen DM aus seinem Vertrag bei der Eintracht herauskaufen.

Mit der Alten Dame Juventus gewann Möller 1993 unter Giovanni Trapattoni den UEFA-Pokal. Gegner am 5. und 19. Mai war sein früherer und auch späterer Arbeitgeber, Borussia Dortmund. Juve gewann das Endspiel deutlich mit einem 3:1 und 3:0. In beiden Spielen stand Möller in der Startelf und erzielte im Rückspiel den dritten Treffer.

04 Leverkusen ausgesprochen erfolgreich startete, entwickelte sich der 20-Jährige zum Leistungsträger, beendete aber noch im Winter sein erstes Eintracht-Gastspiel, wechselte zu Borussia Dortmund und holte mit den Schwarz-Gelben 1989 den DFB-Pokal. Längst hatte er sich von den Fans in Anlehnung an den einstigen Kinderstar den Spitznamen »Heintje« eingehandelt.

Das Italien-Abenteuer endete im Sommer 1994 mit dem erneuten Engagement bei Borussia Dortmund. In den Meisterjahren 1995 und 1996 zeigte Möller seine Klasse als Spielgestalter, Vorbereiter und Torschütze. Er galt zu dieser Zeit als einer der torgefährlichsten Mittelfeldspieler. Der größte Erfolg auf Vereinsebene war der 3:1-Sieg im Finale der Champions League 1996/97 am 28. Mai 1997 im Münchner Olympiastadion. Gegner war sein vormaliger Arbeitgeber Juventus Turin.

Im Sommer 2000 wechselte Möller zu Schalke 04 und wurde auf Anhieb Stammspieler. Mit Schalke gewann er 2001 und 2002 den DFB-Pokal.

Zur Saison 2003/04 kehrte Möller schließlich zur Eintracht, die gerade den Wiederaufstieg geschafft hatte, zurück, doch auch er konnte den erneuten Abstieg nicht verhindern. Sein letztes Profispiel machte Möller am 28. Februar 2004, als er beim 3:1-Sieg gegen Borussia Mönchengladbach in der 89. Minute eingewechselt wurde. Drei Tage später gab er sein Karriereende bekannt.

Für die A-Nationalmannschaft bestritt er von 1988 bis 1999 85 Partien und erzielte dabei 29 Tore, vier Mal führte er die Mannschaft als Kapitän an. Er nahm an drei Weltmeisterschaften teil, so auch beim Titelgewinn 1990 in Italien, wo er zwei Mal eingewechselt wurde. Sein persönlich bestes Turnier im Nationalteam spielte er bei der EM 1996 in England. In der Halbfinalpartie gegen den Gastgeber lief er als Kapitän auf und verwandelte im Elfmeterschießen den entscheidenden Strafstoß. Damit schoss Möller die deutsche Elf ins Finale, für das er allerdings aufgrund zweier Gelber Karten gesperrt war.

Von Oktober 2019 bis zum Frühjahr 2022 war Möller Leiter des Nachwuchsleistungszentrums der Eintracht.

NACHSPIELZEIT

Genialer Fußballer mit schwachen Momenten: Andy Möller hat nicht nur zum Gewinn von 14 (!) nationalen und internationalen Titeln von der A-Jugend-Meisterschaft bis zum WM-Pokal 1990 gesorgt, sondern auch weniger erfreulichen Ruhm eingeheimst. So täuschte er am 13. April 1995 im Spiel gegen den Karlsruher SC beim Stand von 0:1 ein Foul vor, das zum Elfmeter führte. Am Ende siegte Dortmund 2:1 und rettete schließlich einen Punkt Vorsprung vor Werder Bremen ins Ziel. Möller erhielt im Nachgang eine Sperre von zwei Spielen und eine Geldstrafe von 10.000 Mark und ist der einzige Bundesliga-Spieler, der für eine Schwalbe mit einer saftigen Geldstrafe belegt wurde.

»DER SCHEPPE«

WOLFGANG KRAUS
1986/87

AUF EINEN BLICK

SPIELE/S/U/N/TORE/TD/PUNKTE:
15. Platz
34 | 8 | 9 | 17 | 42:53 | -11 | 25:43

TOPSPIELER DER MANNSCHAFT:
Hans-Jürgen Gundelach (Kicker-Note: 2,84)

BESTER TORSCHÜTZE:
Janusz Turowski (7 Treffer)

HÖCHSTER SIEG:
5:0 gegen Fortuna Düsseldorf

HÖCHSTE NIEDERLAGE:
1:4 beim VfB Stuttgart und bei Werder Bremen

ZUSCHAUERSCHNITT: 18.500

BESONDERES:
Trainerkarussell nach Eintracht-Art: Timo Zahnleiter wird in der Folgesaison wieder Assistenztrainer beim Verein, diesmal unter Karlheinz Feldkamp. Nachdem Feldkamp nach dem dritten Spieltag der Saison 1988/89 entlassen wird, ist er für fünf Spieltage interimsmäßig Cheftrainer, ehe er unter Feldkamps Nachfolgern Pál Csernai und Jörg Berger wieder die Assistentenrolle einnimmt.

SAISONRÜCKBLICK

Wenn die Eintracht nicht als Diva vom Main auf dem Platz für Wechselbäder der Gefühle sorgt, schafft es das Management: Als Paradebeispiel dafür steht der Name Timo Zahnleiter. Ab dem 17. Spieltag der Saison 1986/87 – die Eintracht steht nach einer 0:1-Heimpleite gegen Schalke 04 auf Platz 12 mit 7 Punkten vor dem Relegationsplatz – darf der 1985 als Co-Trainer verpflichtete Mannheimer Dietrich Weise als Cheftrainer ersetzen. Mit mäßigem Erfolg. Am Ende rettet sich die Eintracht erneut nur knapp (4 Punkte) auf den Nichtabstiegsplatz und Zahnleiter darf zurück ins Assistenztrainer-Glied. Wie es ihm danach erging, findet sich unter *Besonderes*.

Meister jedenfalls wird Bayern München vor dem Hamburger SV und Borussia Mönchengladbach. Den Gang in die zweite Liga treten Blau-Weiß 90 Berlin und Fortuna Düsseldorf an. Der FC Homburg rettet sich gegen St. Pauli in der Relegation.

Im DFB-Pokal ist einmal mehr im Viertelfinale durch ein 1:3 bei den Stuttgarter Kickers Schluss. Zuvor setzt sich die Eintracht immerhin gegen Eintracht Braunschweig (3:1), beim SV Mainz 05 (1:0 n. V.) und bei der SG Wattenscheid 09 (3:1) durch.

»Die Kündigung ist dann dort gelandet, wo sie hingehört!«

Wolfgang Kraus zu der vom Eintracht-Präsidium im Herbst 1988 durchs Toilettenfenster eingeworfenen Kündigung

WOLFGANG KRAUS

(* 20. August 1953 in Frankfurt am Main)

DER BESONDERE MOMENT

Wolfgang Kraus, der seinen Spitznamen »Scheppe« von seinem Vater Willi (von 1946 bis 1952 Spieler der Eintracht) geerbt hat, ist nicht nur beim höchsten Sieg der Eintracht in der Bundesliga-Geschichte dabei, er beteiligt sich sogar beim 9:1 gegen Rot-Weiss Essen am 5. Oktober 1974 mit dem siebten Treffer am munteren Torreigen.

Wolfgang Kraus schnürt die Fußballstiefel als Kind bei der SG Bornheim, wechselt 1964 zum Eintracht-Nachwuchs und erhielt mit 18 Jahren einen Lizenzspieler-Vertrag bei den Profis. Sein erstes Spiel war am 3. Juni 1972 (32. Spieltag) die deftige 3:6-Niederlage bei den Münchner Bayern. Kraus wurde in

den Bayern wurde der »Scheppe« in 181 Spielen zwei Mal Deutscher Meister und zwei Mal Pokalsieger. Nach einer zweijährigen Stippvisite (1984 bis 1986) beim FC Zürich kehrte er für eine Saison nach Frankfurt zurück. Sein letztes Spiel fand am 29. November 1986 (16. Spieltag) bei der 0:1-Heim-Niederlage gegen den FC Schalke 04 statt. Danach erfüllte er sich sein wahres Berufsziel und wechselte vom günen Rasen auf den Managerstuhl der Eintracht.

Für die Eintracht steht Kraus 189 Mal in der Bundesliga, 25 Mal im DFB-Pokal und 13 Mal im Europacup auf dem Platz. Er triff 44 Mal.

der 81. Minute beim Stand von 5:3 für Thomas Rohrbach eingewechselt. Mit der Eintracht gewann er 1974 und 1975 den DFB-Pokal, wobei er 1975 verletzungsbedingt nicht auf dem Platz stehen konnte.

Zur Saison 1979/80 wechselte Kraus zum FC Bayern München. Mit

NACHSPIELZEIT

Im Januar 2021 hatte Kraus einen Strafbefehl erhalten – unter anderem, weil er im Mai 2020 seinem Bekannten Ingolf Menius (59) in der Oberstaufener Gaststätte »Alpe-Mohr« einen Kopfstoß versetzt haben soll. Diesem Vorwurf der Staatsanwaltschaft folgte die Richterin nicht – dafür verurteilte sie Kraus wegen Beleidigung und Bedrohung.

»DER UNGAR«
LAJOS DÉTÁRI
1987/88

> »Er spielt wie eine Stradivari ohne Saiten!«
>
> *Max Merkel über Lajos Détári zu Beginn seiner Eintracht-Zeit*

SAISONRÜCKBLICK

Zu Beginn der neuen Saison übernimmt wie geplant Karlheinz Feldkamp den Trainerposten. Außerdem geht die Eintracht auf Einkaufstour und präsentiert neben etlichen Neuverpflichtungen als Sahnehäubchen Lajos Détári von Honved Budapest für 3,6 Millionen Mark. Es dauert zwar, bis sich der ungarische Regisseur in Frankfurt zurechtfindet, aber im zweiten Teil der Saison hat er enormen Anteil sowohl am endlich einmal wieder einstelligen Tabellenplatz der Eintracht als auch am eher unerwarteten vierten Pokalsieg.

AUF EINEN BLICK

SPIELE/S/U/N/TORE/TD/PUNKTE:
9. Platz
34 | 10 | 11 | 13 | 51:50 | 1 | 31:37

TOPSPIELER DER MANNSCHAFT:
Uli Stein (Kicker-Note: 2,55)

BESTER TORSCHÜTZE:
Lajos Détári (11 Tore)

HÖCHSTER SIEG:
5:1 gegen den Waldhof Mannheim

HÖCHSTE NIEDERLAGE:
2:5 beim FC Homburg

ZUSCHAUERSCHNITT: 21.287

BESONDERES:
Am 7. November gegen Schalke 04 (2:0) steht bei der Eintracht erstmals Uli Stein im Tor. Wenige Tage später kommt es zum Zwist zwischen Feldkamp und Andreas Möller, der letzlich zum Wechsel des Jungstars nach Dortmund führt.

Meister wird Werder Bremen vor Seriensieger Bayern München und dem 1. FC Köln. Der FC Homburg, der sich im Vorjahr noch in der Relegation retten konnte, und Schalke 04 steigen direkt ab. Waldhof Mannheim braucht gegen Darmstadt 98 ein Wiederholungsspiel mit Elfmeterschießen, um den Klassenerhalt zu sichern.

Im DFB-Pokal siegt die Eintracht durch einen famosen Détári-Freistoß im Finale gegen Bochum mit 1:0. Zuvor gibt es Siege gegen Schalke 04 (3:2), den SSV Ulm 1846 (3:0), bei Fortuna Düsseldorf (1:0), gegen Bayer 05 Uerdingen (4:2) und bei Werder Bremen (1:0).

LAJOS DÉTÁRI
(* 24. April 1963 in Budapest)

DER BESONDERE MOMENT

Samstag, 28. Mai 1988, Berliner Olympiastadion, kurz nach halb acht. Freistoß für die Eintracht im Pokalendspiel gegen den VfL Bochum. Lajos Détári legt sich den Ball zurecht und zirkelt ihn über die Mauer unerreichbar für Zumdick unter die Latte. 1:0! Pokalsieg!

Détári begann im Alter von zwölf Jahren in der Jugendabteilung von Honvéd Budapest. 1981 wurde er erstmals in die erste Mannschaft berufen. Er wechselte 1987 für zwei Millionen Dollar (ca. 1,8 Millionen Euro – die bis dahin höchste in der Fußball-Bundesliga gezahlte Ablösesumme) zu Eintracht Frankfurt und bestritt in der Saison 1987/88 33 Spiele in der Bundesliga und 6 im Pokal. Er schoss 14 Tore für die Eintracht.

Zu Beginn der Saison 1988/89 verkaufte ihn die Eintracht für 17,4 Millionen Deutsche Mark zu Olympiakos Piräus nach Griechenland. Damit wurde der Ungar auch zum bis dahin teuersten Verkauf der Bundesligageschichte. Wobei der Verbleib der sogenannten Détári-Millionen bis heute ungeklärt ist. Détári spielte u. a. bei FC Bologna, Ancona Calcio, Ferencváros Budapest, FC Genua 1893, Neuchâtel Xamax und VSE St. Pölten.

Der Mittelfeldspieler gab sein Nationalmannschaftsdebüt 1984 gegen die Schweiz. Er bestritt bis 1994 61 Länderspiele für die ungarische Nationalmannschaft.

Er war Spieler des Jahres in Ungarn (1985), Griechenland (1989) und in der Schweiz (1994).

NACHSPIELZEIT

In einem Interview verriet Détári im Juni 2021 dem Redaktionsnetzwerk Deutschland, wie er nach Frankfurt kam: »Den Wechsel zu Eintracht fädelte der ungarische Verband ohne meine Kenntnisnahme ein – ich wurde im Nachhinein informiert. So war es damals bei den meisten Vereinen des Ostblocks. Monaco und Barcelona hatten damals auch Interesse, mich zu verpflichten, die Frankfurter beherrschten anscheinend besser die sportpolitische Diplomatie.«

»DER OLDIE«

ULRICH STEIN
1988/89

AUF EINEN BLICK

SPIELE/S/U/N/TORE/TD/PUNKTE:
16. Platz
34 | 8 | 10 | 16 | 30:53 | -23 | 26:42

TOPSPIELER DER MANNSCHAFT:
Uli Stein (Kicker-Note: 2,56)

BESTER TORSCHÜTZE:
Janusz Turowski (7 Tore)

HÖCHSTER SIEG:
3:1 beim Karlsruher SC

HÖCHSTE NIEDERLAGE:
0:6 bei Borussia Dortmund

ZUSCHAUERSCHNITT: 17.338

BESONDERES:
Beim Relegations-Rückspiel sorgt ein gewisser Anthony Yeboah mit zwei Treffern für den 2:1-Sieg des 1. FC Saarbrücken. Zum Aufstieg reichen die Tore für die Saarländer nicht. Aber für einen Vermerk auf der Einkaufsliste der Eintracht.

SAISONRÜCKBLICK

Dem vierten Pokaltriumph lässt die Mannschaft ohne Détári unter Jörg Berger eine glanzlose Saison folgen. Mehr noch: Nur mit einer mühsam erkämpften 1:2-Niederlage im Relegations-Rückspiel beim 1. FC Saarbrücken wird dank des 2:0-Sieges im Hinspiel der Klassenerhalt gesichert. Deutscher Meister wird der FC Bayern München mit fünf Punkten Vorsprung vor dem 1. FC Köln und Titelverteidiger Werder Bremen. Absteigen müssen die Stuttgarter Kickers und Hannover 96.

Im DFB-Pokal braucht die Eintracht in der 1. Runde gegen den VfL Wolfsburg nach dem 0:0 n. V. ein Wiederholungsspiel, das mit 6:1 klar an den Titelverteidiger geht. Allerdings kann das Team seinen Vorjahreserfolg nicht wiederholen. Schon in Runde 2 ist bei Bayer Uerdingen (4:5 n. V.) Schluss. Im Europapokal der Pokalsieger läuft es nicht viel besser.

Zwar können die Grasshoppers aus Zürich noch knapp mit 1:0 nach einem 0:0 im Hinspiel in Zürich und der türkische Vertreter Sakaryaspor deutlich mit 3:1 und 3:0 aus dem Weg geräumt werden, doch beim KV Mechelen ist nach dem 0:0 im Waldstadion durch ein 0:1 im Rückspiel im Viertelfinale Endstation.

ULRICH »ULI« STEIN
(* 23. Oktober 1954 in Hamburg)

DER BESONDERE MOMENT

In seiner ersten Eintracht-Saison hütet Stein 20 Mal das Eintracht-

»Uli Stein hält alles, nur nicht seinen Mund.«

Hamburger Abendblatt

»Lieber mal die Klappe aufreißen als mit einer Scheuklappe durchs Leben zu gehen.«

Uli Stein

Tor, wird aber Topspieler. Seine zweite Saison startet das Enfant terrible gleich am 1. Spieltag mit einem Platzverweis. Nach dem Gegentor zum 0:1 beim FC Bayern München (Endstand 0:3) weigerte er sich, in das von ihm gehütete Tor zurückzukehren. Schiedsrichter Kurt Witke verwarnte ihn daraufhin mit der Gelben Karte und stellte ihn kurze Zeit später, nachdem Stein ihm auch noch höhnisch Beifall geklatscht hatte, in der 76. Minute mit der Roten Karte vom Platz.

Uli Stein kam als eines von sechs Kindern der Familie Stein in Hamburg-Uhlenhorst zur Welt, wuchs aber in Nienburg an der Weser auf. Die Profikarriere des gelernten Großhandelskaufmanns begann 1976 bei Arminia Bielefeld. Von 1980 bis 1987 spielte er beim Hamburger SV, dann folgte der Wechsel zur Eintracht, für die er von 1987 bis 1994 224 Bundesligaspiele, 25 DFB-Pokal-Spiele, 24 Europacup-Spiele und zwei Relegationsspiele bestritt.

Nach dem vorzeitigen Ende seines Engagements bei der Eintracht am 10. April 1994 kehrte er noch einmal zum HSV zurück. Schließlich heuerte er erneut bei Arminia Bielefeld in der 2. Bundesliga an, schaffte den Aufstieg und beende-

te nach der Saison 1996/97 seine Karriere im Profifußball.

Mit 645 Einsätzen in den zwei oberen Spielklassen ist Uli Stein der Akteur mit den meisten Einsätzen im deutschen Profifußball.

Mit der Eintracht holte er 1988 den DFB-Pokal, ein Jahr, nachdem er den Cup mit dem HSV gewonnen hatte. Mit Hamburg feierte er außerdem 1982 und 1983 die Deutsche Meisterschaft.

Während seiner Zeit beim Hamburger SV wurde er auch drei Mal deutscher Vizemeister (1981, 1984 und 1987) und erreichte mit dem Team sowohl das Finale des UEFA-Pokals 1982 als auch das Weltpokal-Finale 1983.

Stein ist mit 42 Jahren, 5 Monaten und 19 Tagen der älteste Torwart, der je in der Bundesliga gespielt hat, und nach Klaus Fichtel der zweitälteste jemals eingesetzte Spieler.

Für die Nationalmannschaft spielte Stein von 1983 bis 1986 sechs Mal. Er stand 1986 bei der WM in Mexiko im deutschen Aufgebot, musste jedoch nach Hause fahren, nachdem er Franz Beckenbauer als Suppenkasper und die Mannschaft als Gurkentruppe bezeichnet hatte.

Im Jahr 1993 veröffentlichte er sein Buch »Halbzeit«, in dem er auch die Weltmeisterschaft 1986 thematisierte.

NACHSPIELZEIT

2018 scheiterte Stein vor Gericht mit dem Versuch, die Veröffentlichung seines Bildes auf Nationalspieler-Sammelkarten zu verbieten. Die Pressefreiheit in Bezug auf Personen der Zeitgeschichte sei höher zu bewerten als das Persönlichkeitsrecht des Abgebildeten.

»DER SCHWEDE«

JØRN ANDERSEN
1989/90

»Ich war nur der Vollstrecker, so wie später Anthony Yeboah oder Alex Meier.«

Jørn Andersen

SAISONRÜCKBLICK

Mit den Neuzugängen Bein und Weber sowie Rückkehrer Falkenmayer wird das Team verstärkt. Vor allem der Ex-Hamburger Bein wird sofort in 33 Spielen eingesetzt und drückt der Mannschaft mit acht Toren und zehn Vorlagen seinen Stempel auf. Das Ergebnis: Trainer Jörg Berger führte die Eintracht in seiner zweiten Saison auf einen UEFA-Cup-Platz. Interessant: Beim Kadervergleich des Kicker landet die Mannschaft sogar vor Vizemeister Köln und Leverkusen mit einem Durchschnitt von 3,16 an der Spitze. Trotzdem wird der FC Bayern München Meister. Absteigen müssen der FC 08 Homburg und Waldhof Mannheim. Bochum rettet sich in der Relegation gegen den 1. FC Saarbrücken. Im DFB-Pokal wird die Eintracht in Runde 1 dem FC Bayern München

AUF EINEN BLICK

SPIELE/S/U/N/TORE/TD/PUNKTE:
3. Platz
34 | 15 | 11 | 8 | 61:40 | 21 | 41:27

TOPSPIELER DER MANNSCHAFT:
Uli Stein (Kicker-Note: 2,50)

BESTER TORSCHÜTZE:
Jørn Andersen (18 Tore)

HÖCHSTER SIEG:
5:1 gegen den VfB Stuttgart und den 1. FC Nürnberg

HÖCHSTE NIEDERLAGE:
0:3 gegen Bayer Leverkusen

ZUSCHAUERSCHNITT: 26.765

BESONDERES:
Mit dem Norweger Jørn Andersen wurde zum ersten Mal ein Ausländer Torschützenkönig. Er war auch der erste Eintracht-Spieler, der die Torjäger-Kanone bekam.

zugelost und scheidet am 19. August 1989 in München aus. Das entscheidende 1:0 erzielt Klaus Augenthaler aus gut 50 Metern.

JØRN ANDERSEN
(* 3. Februar 1963 in Fredrikstad)

DER BESONDERE MOMENT

In der Spielzeit 1989/90 steht die Eintracht nach dem Fast-Abstieg im Vorjahr für einige Spieltage auf Platz 1 und landet am Ende auf Platz 3. Wichtigen Anteil am gemeinsam mit den Platzierungen von 1964 und 1974 besten Liga-Endstand der Mannschaft hat Jørn Andersen. Er spielt alle 34 Saisonspiele und wird mit seinen 18 Treffern erster ausländischer Bundesliga-Torschützenkönig.

Der Sohn der Handballnationalspielerin und dreifachen Weltmeisterschaftsteilnehmerin Bjørg Andersen kam 1985 nach einer bereits sehr erfolgreichen Zeit bei Østsiden IL in Fredrikstad, Fredrikstad FK und dem norwegischen Meister Vålerenga IF im Oktober 1985 für 200.000 DM nach Deutschland zum 1. FC Nürnberg. Im Frankenland erzielte der »Schwede« in 78 Ligaspielen 28 Tore.

Danach wechselte er zur Eintracht, konnte aber in seiner ersten Saison gerade mal zwei Treffer in 20 Spielen erzielen. Doch das änderte sich rasch. Schon im zweiten Jahr (1989/90) wird er Torschützenkönig der Liga.

Zur Saison 1990/91 zerschlug sich der Wechsel nach Genua und es blieb nur Fortuna Düsseldorf. Am Rhein allerdings wurde Andersen nicht glücklich und so kehrte er nach den ersten neun Spieltagen des Spieljahres 1991/92 zurück. Insgesamt gelangen ihm nur fünf Tore in 42 Bundesligapartien für Düsseldorf. Bis zum Saisonende erzielte er noch neun Tore für die Eintracht, stand aber beim Saisonfinale nicht auf dem Rasen.

In der Winterpause 1993/94 wechselte Andersen für ein Jahr zum Hamburger SV. Ab der Winterpause 1994/95 spielte er noch für Dynamo Dresden, wo seine Karriere als Bundesligaspieler mit dem Abstieg des Vereins auslief. Zuletzt am Ball war Andersen in der Schweiz beim FC Zürich, beim FC Lugano und beim FC Locarno.

Für die Eintracht schoss er in 89 Bundesligaspielen 33 Tore, in sechs Pokalspielen 4 und in zwei Relegationsspielen 1 Tor. Außerdem spielte er acht Mal im Europacup.

Insgesamt trat er fünf Mal für die norwegische Nationalmannschaft an.

Seine auffälligste Trainerstation – Andersen stand für die Jugendfußballer des FC Luzern, Zweitligist Rot-Weiss Oberhausen, als Assistenztrainer in Mönchengladbach und beim Zweitligisten Kickers Offenbach an der Seitenlinie – war Zweitligist FSV Mainz 05 zur Saison 2008/09. Was Jürgen Klopp nicht gelang, schaffte er: den Aufstieg in die 1. Bundesliga.

Bitter: Am 3. August 2009 wurde er nach einer Niederlage im DFB-Pokal – im Vorjahr waren die Mainzer bis ins Halbfinale vorgestoßen – beim Regionalligisten VfB Lübeck wegen interner Unstimmigkeiten noch vor Beginn der Ligasaison entlassen.

Weitere Trainerstationen: AE Larisa SV (1. Liga Griechenland), Karlsruher SC und Austria Salzburg (Regionalliga).

Außerdem trainierte er von 2016 bis 2018 die nordkoreanische Nationalmannschaft und später den südkoreanischen Erstligisten Incheon United FC. Schließlich übernahm er im Dezember 2021 die Nationalmannschaft von Hongkong.

NACHSPIELZEIT

Im Oktober 2013, vier Jahre nach der für die meisten Beobachter, auch aus der Frankfurter Fußballszene, überraschenden Entlassung in Mainz wurde diese vom Manager von Mainz 05, Christian Heidel, erklärt: »Andersen und Mainz, das hat von der Philosophie her nicht zusammengepasst.« Wie der Norweger den Aufstieg und das Pokal-Halbfinale trotzdem schaffen konnte, sagte Heidel nicht. Es wurde nur noch hinzugefügt, dass Andersen mit der Mannschaft zu wenig gesprochen habe.

»DER KOPF«

UWE BEIN
1990/91

SAISONRÜCKBLICK

Jörg Berger führt die Eintracht erneut auf einen UEFA-Cup-Platz, kann aber den verdienten Lohn für seine sportlich erfolgreiche Arbeit nicht einstecken. Nachdem die vom Präsidium geduldete doppelte Tätigkeit als Club-Manager und Spielerberater von Klaus Gerster auch in der Kabine zunehmend für Unruhe gesorgt hat – zu Saisonbeginn war Gerster-Schützling Möller aus Dortmund »heimgekehrt« –, provozieren zahlreiche Spieler durch eine blutleere 0:6-Vorstellung gegen den HSV den Rauswurf des Trainers am 13. April. Einen Tag später unterschreibt Dragoslav Stepanović ein guter alter Bekannter in Frankfurt. Der Serbe hat schließlich von 1976 bis 1978 seine Fußballschuhe in Frankfurt geschnürt. Meister wird überraschend der 1. FC Kaiserslautern vor dem FC Bayern München und Werder Bremen. Den Gang in die 2. Liga treten Hertha BSC, Bayer Uerdingen und der FC St. Pauli an. Die Hamburger verlieren in der Relegation das notwendig gewordene Entscheidungsspiel gegen die Stuttgarter Kickers.

Im DFB-Pokal schafft es die Eintracht bis ins Halbfinale. Dort ist nach einem 2:2 n.V. im Wiederholungsspiel in Bremen Endstation. Werder gewinnt 6:3. Deutlich schlechter läuft es im UEFA-Cup. Nach einem 0:5 bei Brøndby Kopenhagen hilft auch das 4:1 im Waldstadion nicht mehr.

UWE BEIN
(* 26. September 1960 in Lengers)

AUF EINEN BLICK

SPIELE/S/U/N/TORE/TD/PUNKTE:
4. Platz
34 | 15 | 10 | 9 | 63:40 | 23 | 40:28

TOPSPIELER DER MANNSCHAFT:
Ralf Falkenmayer (Kicker-Note: 2,48)

BESTER TORSCHÜTZE:
Andreas Möller (16 Tore)

HÖCHSTER SIEG:
5:1 gegen Borussia Mönchengladbach, Fortuna Düsseldorf und Hertha BSC

HÖCHSTE NIEDERLAGE:
0:6 gegen den Hamburger SV

ZUSCHAUERSCHNITT: 24.647

BESONDERES:
Im April wird die Liga von einem vermeintlichen Wettskandal erschüttert. Dem Nürnberger Spieler Vlado Kasalo wird unterstellt, gegen Stuttgart und Karlsruhe absichtlich jeweils ein Eigentor verursacht zu haben. Er wird für einen Tag verhaftet, doch die Vorwürfe können nicht bewiesen werden.

»Der macht nicht mal beim Essen den Mund auf!«

Franz Beckenbauer

DER BESONDERE MOMENT

Uwe Bein gilt bis heute als einer der besten Techniker Deutschlands und eine der tragenden Säulen des »Fußball 2000«. Sein Erfolgsrezept – »bevor ich den Ball von einem Mitspieler bekommen habe, wusste ich, was ich damit mache« – sorgt dafür, dass Teamchef Franz Beckenbauer Bein als den Mann mit dem »tödlichen Pass« adelt.

Uwe Bein begann beim TSV Lengers im osthessischen Landkreis Hersfeld-Rotenburg und beim VfB Heringen mit dem Fußball. Seine Profikarriere startete er in der 2. Bundesliga Süd bei Kickers Offenbach. Dort spielt Bein von 1978 bis 1984. Anschließend folgte zunächst der Wechsel zum 1. FC Köln (1984 bis 1987) und zum Hamburger SV (1987 bis 1989), bevor Eintracht Frankfurt den Techniker im Sommer 1989 für 650.000 DM unter Vertrag nahm. Eine mehr als weise Entscheidung von Bernd Hölzenbein, denn Bein sollte von 1989 bis 1994 der Kopf für den Fußball 2000 der Eintracht werden. In 150 Bundesligaspielen traf er 37 Mal, im DFB-Pokal in 18 Spielen vier Mal und im Europacup in 14 Spielen 5 Mal. Viel wichtiger aber waren seine tödlichen Pässe, mit denen er nahezu jede Abwehrreihe aushebeln konnte. Allein in seiner

23. Dezember 2005 war er Manager von Kickers Offenbach.

Uwe Bein absolvierte 17 Länderspiele und der größte Erfolg in seiner Karriere war der Gewinn der Fußball-Weltmeisterschaft 1990 in Italien. Er bestritt die drei Vorrundenspiele und das Viertelfinale und erzielte ein Tor in der Vorrunde gegen die Fußballnationalmannschaft der Vereinigten Arabischen Emirate, ehe er für den Rest des Turniers verletzungsbedingt pausieren musste.

Uwe Bein ist Danny da Costas Schwiegervater. Seit Juli 2020 sind der Abwehrspieler und Sarah Bein verheiratet. Sie arbeitet für die Eintracht im Marketing, er kickt für Mainz 05.

Zeit bei der Eintracht stehen 63 Vorlagen zu Buche.

1994 wechselte Bein in die japanische Profiliga, wo er bis 1996 für die Urawa Red Diamonds aktiv war. 1997 gab er ein Gastspiel beim VfB Gießen in der Oberliga. Von 2002 bis 2006 spielte er für den Fünft-Ligisten SVA Bad Hersfeld. Parallel kümmerte er sich in der Uwe-Bein-Fußballschule um den Nachwuchs. Vom 1. Juli bis zum

NACHSPIELZEIT

Viele Jahre nach dem Trauma von Rostock hat der Mann mit dem tödlichen Pass ein klares Statement zur 1992 verpassten Meisterschaft abgegeben. »Vergeigt haben wir die Schale; und das nicht in Rostock! Wir hätten nur in Wattenscheid (1-1) und zu Hause gegen Bremen (2-2), die noch siegestrunken vom Europapokalsieg gegen die AS Monaco in Lissabon waren, gewinnen müssen – und als Meister nach Rostock zum Schaulaufen fahren können«, erklärte er in einem Interview mit FLW 24.

»MITTELFELD-MOTOR«

RALF WEBER
1991/92

»Mecker nicht! Früher in Offenbach musstest du mit Bowlingkugeln kicken!«

Betreuer Toni Hübler im Training zu Ralf Weber, nachdem er neue Bälle gefordert hatte

AUF EINEN BLICK

SPIELE/S/U/N/TORE/TD/PUNKTE:
3. Platz
38 | 18 | 14 | 6 | 76:41 | 35 | 50:26

TOPSPIELER DER MANNSCHAFT:
Uli Stein (Kicker-Note: 2,32)

BESTER TORSCHÜTZE:
Anthony Yeboah (15 Tore)

HÖCHSTER SIEG:
6:1 gegen Stuttgarter Kickers

HÖCHSTE NIEDERLAGE:
1:2 gegen Köln, beim Hamburger SV, bei Dynamo Dresden und Hansa Rostock

ZUSCHAUERSCHNITT: 29.816

BESONDERES:
Die Saison ist bis heute die Bundesliga-Saison mit den meisten Mannschaften. Die Liga wurde von 18 auf 20 Mannschaften aufgestockt, um Hansa Rostock und Dynamo Dresden nach der Wiedervereinigung einzugliedern. Am Ende mussten vier Mannschaften absteigen.

SAISONRÜCKBLICK

Die Eintracht, der VfB Stuttgart und Borussia Dortmund sorgen für einen der spannendsten Titelkämpfe der Bundesligageschichte. Vor dem letzten Spieltag stehen die drei Teams punktgleich (50:24) an der Spitze und die Eintracht hat dank des deutlich besten Torverhältnisses die Hand schon an der Schale. Dann folgte das

Trauma von Rostock (1:2-Niederlage auch dank eines von Schiri Alfons Berg nicht gepfiffenen Elfers) und der »Absturz« auf Platz 3 hinter dem neuen Deutschen Meister Stuttgart (2:1-Sieg in Leverkusen) und Vizemeister Dortmund (1:0-Sieg in Duisburg).

Absteigen müssen Fortuna Düsseldorf, der MSV Duisburg, der FC Hansa Rostock und die Stuttgarter Kickers.

Bitter verlaufen auch die Pokal-Auftritte der Eintracht in diesem Jahr. Im DFB-Pokal kommt bereits in Runde 3 beim 0:1 gegen den Karlsruher SC das frühzeitige Aus. Ebenfalls 0:1 endet das UEFA-Cup-Rückspiel in Runde 2 gegen KAA Gent. Zu wenig nach dem 0:0 in Belgien.

RALF WEBER
(* 31. Mai 1969 in Seligenstadt)

DER BESONDERE MOMENT

Wie tief gefrustet Ralf Weber nach der 1:2-Pleite in Rostock, der damit verpassten Meisterschaft und dem nicht geahndeten Foul an ihm ist, zeigt sich Sekunden nach dem Schlusspfiff. Weber tritt erst eine TV-Kamera zu Bruch und sinkt dann fassungslos zu Boden. Er wird zum Synonym für das Trauma von Rostock.

Mit fünf Jahren schnürte der kleine Ralf Weber zum ersten Mal bei der SpVgg Hainstadt seine Fußballschuhe. Mit 13 wechselte er zu Kickers Offenbach und stand schließlich von 1987 bis 1989 für den OFC in der 2. Liga in 50 Spielen auf dem Platz. Nach dem Lizenzentzug der Kickers wechselte er 1989 zur Eintracht und wurde am 4. August 1989 im Auswärtsspiel gegen den Hamburger SV erstmals eingewechselt.

Von Beginn an stand Weber erstmals am 26. August 1989 gegen Bayer Uerdingen auf dem Platz. Der Mittelfeldspieler kam insgesamt in 182 Erstligaspielen (19 Tore) und 32 Zweitligaspielen (10 Tore) für die Eintracht zum Einsatz.

Weber hatte das Zeug dazu, viel mehr Spiele im Eintracht-Trikot zu absolvieren, doch Verletzungen warfen ihn immer wieder aus der Bahn. So stehen für ihn in den Jahren 1995/96 und 1996/97 lediglich sechs Pflichtspiele für die Eintracht zu Buche. Und auch das Karriereende kam am Ende der Saison 2000/01 nach zahlreichen Operationen und erfolglosen Rehaversuchen. Gespielt hat er in seinem letzten aktiven Jahr nicht mehr. Weber bestritt zwischen 1994 und 1995 insgesamt neun Länderspiele.

NACHSPIELZEIT

Nach der 1:2-Niederlage in Rostock ist die Stimmung in der Eintracht-Kabine explosiv, wie sich Stürmer Axel Kruse erinnert. Er begegnet vor der Tür einem sichtlich betretenen Schiedsrichter Alfons Berg, der seine Fehleinschätzung des Fouls an Weber nach dem Studium der TV-Bilder erkannt hat und Kruse erklärt, er wolle jetzt in die Kabine gehen und sich entschuldigen. Axel Kruses Antwort: »Alfons, ganz ehrlich: Ich glaube, das ist keine gute Idee.«

»ZICO«

UWE BINDEWALD
1992/93

AUF EINEN BLICK

SPIELE/S/U/N/TORE/TD/PUNKTE:
3. Platz
34 | 15 | 12 | 7 | 56:39 | 17 | 42:26

TOPSPIELER DER MANNSCHAFT:
Uli Stein (Kicker-Note: 2,35)

BESTER TORSCHÜTZE:
Anthony Yeboah (20 Tore)

HÖCHSTER SIEG:
4:0 gegen den VfB Stuttgart

HÖCHSTE NIEDERLAGE:
1:4 beim Karlsruher SC

ZUSCHAUERSCHNITT: 25.382

BESONDERES:
Das Spiel am 32. Spieltag bei Bayer 05 Uerdingen endet zwar 5:2 für die Eintracht, wird aber vom DFB mit 2:0 für Uerdingen gewertet, weil Eintracht-Trainer Horst Heese gleichzeitig vier Ausländer einsetzt, obwohl nur maximal drei erlaubt sind.

SAISONRÜCKBLICK

Andreas Möller geht (diesmal zu Juventus), Jay-Jay Okocha kommt (von Borussia Neunkirchen) und soll für das Amateurteam auflaufen. Aber daraus wird nichts, weil der spätere nigerianische Nationalspieler eine ganz neue Qualität ins Spiel der Eintracht bringt. Das Team spielt erneut lange Zeit ganz vorne mit, wird Vize-Herbstmeister, aber am Ende geht dem Team die Luft aus. Was auch am Wechsel auf der Trainerbank Anfang April 1993 gelegen haben dürfte. Eigentlich wollte Stepanović erst zum Saisonende wechseln, doch die Niederlage im DFB-Pokal-Halbfinale ausgerechnet gegen seinen künftigen Arbeitgeber Leverkusen sorgt für das vorzeitige Ende der Liaison. Horst Heese übernimmt und wird – siehe Besonderes – auf eigene Art in die Annalen der Eintracht eingehen.

Meister wird Werder Bremen mit einem Punkt vor Bayern München. Dahinter punktgleich Dortmund und Frankfurt. Absteigen müssen der 1. FC Saarbrücken, Bayer 05 Uerdingen und der VfL Bochum.

Im DFB-Pokal hat sich die Eintracht über den SV Wehen (3:2), SC Bamberg (3:1), Waldhof Mannheim (4:1 n.V.), VfL Osnabrück (3:1) und den Karlsruher SC (5:3 n.E.) für das Halbfinale qualifiziert.

Kurz ist der Auftritt im UEFA-Cup: Nachdem in der ersten Runde nach Widzew Lodz nach einem 2:2 im Hinspiel mit 9:0 im Waldstadion vor gerade mal 11.000 Zuschauern deklas-

»Uwe Bindewald – Schalalalala«

Singen die Fans, wenn sie mehr Einsatz von ihrer Mannschaft fordern

siert wird, bringen die beiden Spiele gegen Galatasaray Istanbul (0:0, 0:1) das Aus.

UWE BINDEWALD
(* 13. August 1968 in Dorheim)

DER BESONDERE MOMENT

Sich auf einen besonderen Moment bei einem wie Uwe Bindewald festzulegen: schwer. »Zico« erlebte so viele emotionale Momente, »die mit Worten nicht zu beschreiben« sind. Ganz vorne dabei: das Drama von Rostock. Sein Kommentar: »Je älter man wird, desto bewusster wird einem auch, wie nah wir damals dran waren.« Ganz klar: Die Erinnerung an die 90 Minuten im Ostseestadion verfolgt ihn bis heute. Wobei Bindewald auch den Übersteiger von Fjørtoft und das 6:3 gegen Reutlingen erlebt hat. Man muss nur lange genug das Eintracht-Trikot tragen, dann erlebt man alles.

Uwe Bindewald kickte, bevor er mit 18 zur Eintracht kam, beim FSV Dorheim in der Wetterau, der SG Melbach-Södel und Kickers Offenbach. Bei der Eintracht wurde er zunächst bei den Amateuren in der Oberliga Hessen eingesetzt. Sein

seine aktive Karriere. Seine Art Fußball zu spielen, hat er selbst perfekt beschrieben: »Einen doppelten Übersteiger habe ich im Spiel nicht gemacht. Das würde ich mich nie trauen. Da breche ich mir wahrscheinlich die Beine.«

Für die Eintracht stand Bindewald 263 Mal in der 1. Liga und 123 Mal in der 2. Liga auf dem Platz. Im Europapokal wurde Bindewald 28 Mal eingesetzt. Ebenso oft wie im DFB-Pokal. Macht 439 Spiele, in denen er acht Tore schoss.

Nach seiner aktiven Karriere wurde das Frankfurter Fußball-Magazin in Anlehnung an seinen Spitznamen »Zico«, den ihm Ralf Falkenmayer verpasst hat, genannt.

Debüt in der Bundesliga gab Bindewald in der Saison 1988/89 am 15. Spieltag gegen Werder Bremen. Der Eintracht blieb er 18 Jahre lang treu und verließ das sinkende Schiff auch nach den Abstiegen aus der Bundesliga 1996 und 2001 nicht. Erst nachdem er von der Eintracht 2004 keinen neuen Vertrag mehr angeboten bekam, wechselte er nach 18 Jahren zum 1. FC Eschborn in die Oberliga Hessen. Dort beendete er am Ende der Spielzeit 2004/05

NACHSPIELZEIT

Zum gemeinsamen Abschiedsspiel von Uwe Bindewald und Alexander Schur pilgerten knapp 10.000 Zuschauer nach Bad Homburg. Die beiden wurden, chauffiert von den Eintracht-Ikonen Uwe Bein und Jürgen Grabowski, vor dem Spielbeginn im Cabrio auf den Rasen gefahren, während die Fans sich mit einer »Zwei Herzen, eine Seele«-Choreographie auf ihre Art bedankten.

»JAY-JAY«

AUGUSTINE OKOCHA
1993/94

AUF EINEN BLICK

SPIELE/S/U/N/TORE/TD/PUNKTE:
5. Platz
34 | 15 | 8 | 11 | 57:41 | 16 | 38:30

TOPSPIELER DER MANNSCHAFT:
Uli Stein (Kicker-Note: 2,50)

BESTER TORSCHÜTZE:
Anthony Yeboah (18 Tore)

HÖCHSTER SIEG:
5:1 gegen die SG Wattenscheid und beim 1. FC Nürnberg

HÖCHSTE NIEDERLAGE:
0:3 gegen Borussia Mönchengladbach, den 1. FC Köln und beim Hamburger SV

ZUSCHAUERSCHNITT: 31.656

BESONDERES:
Jay-Jay Okocha erzielt in seinem ersten Bundesligaeinsatz unter dem neuen Trainer Klaus Toppmöller das Tor des Jahres 1993 gegen Oliver Kahn.

SAISONRÜCKBLICK

Am 1. Juli 1993 übernimmt Klaus Toppmöller das Team und bietet eine sensationell gute Halbserie – die erste Niederlage kassiert die Eintracht erst am 12. Spieltag mit 0:1 in Duisburg und die Herbstmeisterschaft fährt die Mannschaft mit 24:10 Punkten ein. Aber: In der Rückrunde läuft es bei Weitem nicht mehr so gut und nach zwei Niederlagen (0:1 in Leipzig und 1:2 gegen Duisburg) wird die Ära Toppmöller beendet. Charly Körbel übernimmt

»Am besten, man kommt gar nicht erst in seine Nähe!«

Fußballer Frank Mill über Jay-Jay Okocha

als Interims-Trainer. Am Ende holt die Eintracht Platz 5.

Meister wird der FC Bayern München mit nur einem Punkt vor dem 1. FC Kaiserslautern. Leverkusen wird Dritter. In die 2. Liga müssen der VfB Leipzig, die SG Wattenscheid 09 und der 1. FC Nürnberg.

Im DFB-Pokal bedeutet die 3:5-Niederlage nach Verlängerung in Nürnberg das frühe Aus in Runde 2. In Düsseldorf hat sich die Eintracht zuvor mit 2:0 erfolgreich durchgesetzt.

Im UEFA-Cup ist im Viertelfinale nach großem Kampf Schluss: Nach dem Hinspiel-0:1 bei Austria Casino Salzburg reicht es im Rückspiel in Frankfurt nur zu einem 1:0. Das fällige Elfmeterschießen gewinnt Salzburg mit 5:3.

AUGUSTINE OKOCHA
(* 14. August 1973 in Enugu)

DER BESONDERE MOMENT

Egal, ob mit dem Regenbogen-Trick, bei dem der Ball mit der Ferse über den Körper nach vorne gespielt wird, oder mit seinen Dribblings – Jay-Jay Okocha verzaubert die Massen. Allen und vor allem Torwartlegende Oliver Kahn in Erinnerung bleiben wird sicher sein Treffer zum 3:1 gegen den Karlsruher SC am 31. August 1993. Er umspielt im Strafraum die gegnerischen Abwehrspieler gleich reihenweise und lässt Torhüter Oliver Kahn durch Körpertäuschungen und plötzliche Richtungswechsel mehrere Male ins Leere laufen, ehe er schließlich den Ball ins Tor schiebt. Das Tor wird von den ARD-Zuschauern zum Tor des Jahres gewählt.

Nach Deutschland kam Augustine Okocha 1990 als Jugendspieler vom nigerianischen Club Enugu

Rangers zum damaligen Drittligisten Borussia Neunkirchen. Trainer des Neunkirchner Ligakonkurrenten Trier war Dragoslav Stepanović, und der erinnerte sich an den wieselflinken Dribbler, als er wenig später Cheftrainer in Frankfurt wurde. Stepi holte Okocha 1992 als Vertragsamateur an den Main, doch der lief bereits am 26. September 1992 gegen Werder Bremen erstmals in der 1. Bundesliga auf. In der zweiten Saison bei der Eintracht schoss er das Tor des Jahres, aber nur noch ein weiteres Tor beim 2:2 gegen Bayern München. Anfang Dezember 1994 sorgte der Dribbelkünstler für negative Schlagzeilen, als er sich mit Anthony Yeboah und Maurizio Gaudino solidarisierte und ein von Trainer Jupp Heynckes angeordnetes Sondertraining und die Teilnahme am anschließenden Bundesligaspiel verweigerte, was die Entlassung von Yeboah und Gaudino zur Folge hatte. Publikumsliebling Okocha wurde begnadigt.

Nach dem Abstieg der Eintracht in die 2. Bundesliga wechselte der Nigerianer zunächst zum türkischen Erstligisten Fenerbahçe Istanbul (1996 bis 1998) und danach für 22 Millionen Mark zu Paris Saint-Germain (1998 bis 2002) und schließlich zu den Bolton Wanderers (2002 bis 2006). Seine Karriere ließ er bei Qatar Sports Club und Hull City ausklingen.

Für die Eintracht spielte Jay-Jay Okocha von 1992 bis 1996 90 Mal und schoss 18 Tore.

Er wurde in den Jahren 2003 und 2004 zum BBC African Footballer of the Year gewählt.

1994, 1998 und 2002 nahm er für die nigerianische Nationalmannschaft an der Weltmeisterschaft teil. Zu den größten internationalen Erfolgen gehören für Okocha neben dem Gewinn der Afrikameisterschaft 1994 der Olympiasieg 1996 in Atlanta.

NACHSPIELZEIT

1994 nahm Jay-Jay Okocha, der in seiner ersten Zeit in Deutschland in einem Schwesternwohnheim wohnte, unter dem Titel »I'm Jay-Jay« eine CD und ein von Kindern umgebenes Musikvideo auf. Dieser rhythmische Rocksong verkaufte sich 10.000 Mal.

»SCHWARZE PERLE«

ANTHONY YEBOAH
1994/95

AUF EINEN BLICK

SPIELE/S/U/N/TORE/TD/PUNKTE:
9. Platz
34 | 12 | 9 | 13 | 41:49 | -8 | 33:35

TOPSPIELER DER MANNSCHAFT:
Andreas Köpke (Kicker-Note: 2,75)

BESTER TORSCHÜTZE:
Jay-Jay Okocha und Anthony Yeboah
(7 Tore)

HÖCHSTER SIEG:
4:1 gegen Borussia Dortmund und den MSV Duisburg

HÖCHSTE NIEDERLAGE:
0:4 bei Bayer Leverkusen

ZUSCHAUERSCHNITT: 29.918

BESONDERES:
Im April verliert die Eintracht gegen den FC Bayern München mit 2:5. Die Punkte aber bleiben in Frankfurt, weil Bayern-Trainer Giovanni Trapattoni einen Amateur zu viel einsetzt.

SAISONRÜCKBLICK

Prominenteste Neuzugänge bei der Eintracht in der Saison 1994/95 sind Torwart Andreas Köpke vom 1. FC Nürnberg und Thomas Doll von Lazio Rom. Jupp Heynckes übernimmt den Cheftrainer-Posten in der ersten Saison nach Uwe Bein und Uli Stein sowie Anthony Yeboah, der am 1. Januar 1995 auf Leihbasis zu Leeds United geht. Jay-Jay Okocha allein kann die Lücke nicht füllen. Das Ergebnis: Nur 41 Tore und Platz 9 stehen am Ende der Saison zu Buche.

Meister wird Borussia Dortmund mit einem Punkt vor Werder Bremen und dem SC Freiburg. Absteigen müssen der MSV Duisburg, der VfL Bochum und der FC Dynamo Dresden. Wobei die Dresdner wegen des Lizenzentzugs direkt in die Regionalliga durchgereicht werden.

Im DFB-Pokal ist nach der Zweitrundenniederlage (3:4 n.V.) gegen den VfL Wolfsburg Schluss. In Göppingen hatte die Mannschaft in der ersten Runde beim 6:0 noch für klare Verhältnisse gesorgt.

Olimpija Ljubljana (2:0 und 1:1), Rapid Bukarest (1:2 und 5:0) und der SSC Neapel (1:0 und 1:0) sind die machbaren Hürden im UEFA-Pokal. Dann erweist sich Juventus Turin im Viertelfinale (1:1 in Frankfurt, 0:3 in Turin) als eine Nummer zu groß.

ANTHONY YEBOAH
(* 6. Juni 1966 in Kumasi)

DER BESONDERE MOMENT

Mit seinem Satz »Ich schwöre als Zeuge Yeboahs Stein und Bein, dass Borowka Roth sieht, dass Herzog als einsamer Rufer in der Wüste Waldstadion herumhobscht und Olli sich vergebens nach den Bällen reckt!« hat Klaus Toppmöller Yeboah einen außergewöhnlichen Satz gewidmet. Das Shirt mit Yeboahs Konterfei und dem Schriftzug »Zeugen Yeboahs« kann man heute noch kaufen.

Yeboahs erste Station im deutschen Profifußball war im Sommer 1988 der Zweitligist 1. FC Saarbrücken, für den er in insgesamt 65 Ligaspielen 26 Tore erzielte. Zwei davon im Relegationsspiel gegen die Eintracht, was letztlich auch dazu führte, dass er nach Frankfurt wechselte. Seine beste Zeit hatte der Stürmer im Stadtwald. Zwischen 1990 und Ende 1994 bestritt Yeboah für die Eintracht 123 Bundesligaspiele, in denen er 68 Treffer erzielte. Hinzu kamen 9 Tore in 17 DFB-Pokalspielen und 12 Tore in 16 Europacup-Spielen. 1993 und 1994 wurde er jeweils Torschützenkönig der Liga.

Nach Querelen mit dem damaligen Eintracht-Trainer Jupp Heynckes

«Normal darf so einer nicht spielen. Das ist Wettbewerbsverzerrung."

André Golke nach dem 1:5 seines 1. FC Nürnberg gegen die Eintracht mit zwei Yeboah-Toren

Die Initiative »Eine Frankfurter Hauswand wird zum Wahrzeichen für Toleranz« gestaltete im Juni 2014 im Frankfurter Stadtteil Niederrad eine Hausfassade mit seinem Bild und dem Satz »Wir schämen uns für alle, die gegen uns schreien«, den Yeboah gemeinsam mit Souleyman Sané und Anthony Baffoe 1990 in einem offenen Brief in der BILD-Zeitung formuliert hatte.

wurde er zu Beginn des Jahres 1995 an Leeds United in die englische Premier League abgegeben, kehrte aber 1997 wieder nach Deutschland zurück und schaffte mit dem Hamburger SV in der Saison 1999/2000 sogar noch den Einzug in die Champions League. Seine aktive Laufbahn ließ er bei Al-Ittihad in der Qatar Stars League ausklingen.

Yeboah wurde 1992 und 1995 zu Ghanas Fußballer des Jahres gekürt.

NACHSPIELZEIT

Anfang der 1990er Jahre hatte Ghanas damaliger Nationaltrainer Otto Pfister das unklare Geburtsdatum Yeboahs noch süffisant mit dem Satz »Da hilft nur eins: Bein aufsägen und Jahresringe zählen« kommentiert. 2012 sorgte Yeboah für Klarheit. Er ist genau zwei Jahre jünger, als er angegeben hatte, sprich: 1966 geboren. Um ihm zu ermöglichen, bereits als 17-Jähriger bei den »Senioren« spielen zu dürfen, habe man ein wenig an der Uhr gedreht.

»DER EWIGE«

OKA NIKOLOV
1995/96

SAISONRÜCKBLICK

Die Eintracht startet recht ansehnlich in die neue Saison. Auch ohne namhafte Neuzugänge scheint ein Platz im Mittelfeld möglich. Am 12. Spieltag vermöbeln die Adler den FC Bayern München mit 4:1. Doch schon da ist es bis zu den Abstiegsplätzen nicht mehr weit. Am 26. Spieltag schließlich landet das Team erstmals auf einem Abstiegsrang und kann sich nicht mehr befreien. Bereits am 32. Spieltag steht nach dem 0:3 zu Hause gegen Schalke aufgrund des deutlich schlechteren Torverhältnisses fest: Es wird keine Rettung mehr geben.

Meister wird erneut Borussia Dortmund, diesmal vor Bayern München und Schalke 04. Absteigen muss neben der Eintracht der KFC Uerdingen 05 und der 1. FC Kaiserslautern.

AUF EINEN BLICK

SPIELE/S/U/N/TORE/TD/PUNKTE:
17. Platz
34 | 7 | 11 | 16 | 43:68 | -25 | 32

TOPSPIELER DER MANNSCHAFT:
Andreas Köpke (Kicker-Note: 2,83)

BESTER TORSCHÜTZE:
Matthias Hagner (10 Tore)

HÖCHSTER SIEG:
4:1 gegen Bayern München

HÖCHSTE NIEDERLAGE:
0:6 bei Borussia Dortmund

ZUSCHAUERSCHNITT: 29.776

BESONDERES:
Es war die erste Saison mit der Vergabe von drei Punkten pro Sieg. Ebenso hatte nun jeder Spieler eine feste Nummer.

»Solange ich gerade laufen kann und morgens noch aus dem Bett komme, will ich weitermachen.«

Oka Nikolov, 2013

Im DFB-Pokal gerät die Eintracht bereits in Runde 2 nach einem müden Auftakt (2:1-Sieg n. V. beim FC Saarbrücken) bei 1860 München furchtbar unter die Räder. 5:1 siegen die Löwen.

OKA NIKOLOV
(* 25. Mai 1974 in Erbach)

DER BESONDERE MOMENT

Am Samstag, 3. November 2007, hält »Ersatztorwart« Oka Nikolov einen Punkt der Eintracht bei den Bayern fest und zeigt bei 38 Paraden die wohl beste Leistung seiner gesamten Karriere. Von seinem Einsatz in der Startelf wegen der Erkrankung von Markus Pröll erfährt er erst am Spieltag selbst.

Oka Nikolov ist in Sandbach im Odenwald aufgewachsen und hat bei seinem Heimatverein SG Sandbach zum ersten Mal die Fußballschuhe geschnürt. Von 1989 bis 1991 spielte er in der Jugend des SV Darmstadt 98, anschließend wechselte er zur Eintracht, wo seine Profilaufbahn 1994 als Reservetorwart hinter keinen Geringeren als Uli Stein und Andreas Köpke begann. Wobei sich Nikolov in seiner Karriere von großen Namen nie beeindrucken ließ. Nach dem Abstieg der Eintracht 1996 stieg er zur Nummer 1 auf und blieb bis zur Saison 2000/01 Stammtorhüter. Den Platz verlor er unter Felix Magath an Dirk Heinen, doch nicht für lange. Nach dem erneuten Abstieg war der Platz im Eintracht-Tor wieder frei für ihn. Dann musste er Markus Pröll den Platz überlassen, doch nach dessen Verletzung zu Beginn der Saison 2005/06 kehrte Nikolov nach einem Jahr wieder ins Tor von Eintracht Frankfurt zurück und verteidigte seinen Platz mit starken Leistungen gegen den wieder genesenen Pröll bis zum Saisonende. Auch die Tatsache, dass der neue Trainer Friedhelm Funkel zu Beginn der Saison 2006/07 Pröll den Vorzug gab, ließ Nikolov nicht resignieren. Zu Recht: Aufgrund einer hartnäckigen Rippenverletzung von Pröll spielte Nikolov trotzdem regelmäßig und kam auf 20 Saisoneinsätze. Nachdem die Eintracht 2012 Kevin Trapp vom 1. FC Kaiserslautern geholt hatte, ging die Fahrstuhlfahrt für ihn weiter. Am Ende der Saison 2012/13 kam er zu sieben Einsätzen, nachdem sich Kevin Trapp die Hand gebrochen hatte, und hatte maßgeblichen Anteil am Erreichen der Europapokalplätze.

Im Mai 2013 wurde der Vertrag des »ewigen Oka« um ein weiteres Jahr bis zum 30. Juni 2014 verlängert, im Juni 2013 jedoch auf seinen Wunsch hin aufgelöst, um sich einen Lebenstraum zu erfüllen und seine Karriere in den Vereinigten Staaten ausklingen zu lassen.

Zwischen 1998 und 2001 bestritt Nikolov fünf A-Länderspiele in der mazedonischen Nationalmannschaft.

NACHSPIELZEIT

Der »ewige Oka« und die Fans, da hat in 20 Jahren kaum ein Blatt Papier dazwischengepasst. Von daher konnte Nikolovs Kommentar zur Bedeutung der Unterstützung der Eintracht-Fans, die europaweit für Schlagzeilen gesorgt hat, nicht überraschen: »Selbst in den USA wurde das wahrgenommen! Die Fans in Frankfurt können einem nochmal den nötigen Schub geben, das letzte Prozent rauszuholen. Sie tragen einen großen Teil zum Erfolg bei«, hat er vor dem Europa League Finale bei Sky Sport unterstrichen.

»DER FERRARI-FAHRER«

MAURIZIO GAUDINO 1996/97

2. FUSSBALL BUNDESLIGA

AUF EINEN BLICK

SPIELE/S/U/N/TORE/TD/PUNKTE:
7. Platz
34 | 13 | 9 | 12 | 43:46 | -3 | 48

TOPSPIELER DER MANNSCHAFT:
Oka Nikolov (Kicker-Note: 2,97)

BESTER TORSCHÜTZE:
Maurizio Gaudino (9 Tore)

HÖCHSTER SIEG:
3:0 gegen den VfB Lübeck und Rot-Weiss Essen

HÖCHSTE NIEDERLAGE:
0:5 beim 1. FC Kaiserslautern

ZUSCHAUERSCHNITT: 16.235

BESONDERES:
International läuft es aus deutscher Sicht optimal, denn der FC Schalke 04 holte den UEFA-Cup und Borussia Dortmund gewann die Champions League. Dies gelang deutschen Klubs zuvor nur 1975.

SAISONRÜCKBLICK

Die Eintracht startet mit einem völlig veränderten Gesicht in die 2. Liga. Okocha, Falkenmayer, Binz, Doll, Anicic, Mornar, Hagner, Legat, Köpke, Schupp und ein halbes Dutzend anderer haben den Club verlassen. Bei den Neuzugängen fallen allenfalls Namen wie Hubchev, Kutschera, Güntensperger oder Janßen neben erneut Rückkehrer Gaudino ins Gewicht. Auf der Trainerbank sitzt immer noch ein ratloser Dragoslav Stepanović, der nach dem völlig missglückten Engagement von Jupp Heynckes und dem glücklosen zweiten Intermezzo von Charly Körbel übernommen hatte. Bis zum 7. Dezember 1996 darf er verkünden, dass das Leben weitergeht, dann übernimmt erneut ein alter Bekannter: Horst Ehrmanntraut, mit dem die Eintracht als Spieler 1980 den UEFA-Cup geholt hat.

Deutscher Meister wird eine Etage höher der FC Bayern München vor Bayer 04 Leverkusen und Borussia Dortmund.

Absteigen müssen der FC St. Pauli, der Vorjahresdritte SC Freiburg und Fortuna Düsseldorf.

Im DFB-Pokal scheitert die Eintracht mit 1:6 beim SV Meppen in Runde 2. Zuvor hatte das Team in Runde 1 Holstein Kiel an der Ostsee mit 4:2 ausgeschaltet.

MAURIZIO GAUDINO
(* 12. Dezember 1966 in Brühl)

DER BESONDERE MOMENT

Natürlich hat Maurizio Gaudino im ersten Zweitligajahr der Eintracht die meisten Tore geschossen. Unvergessen jedoch bleibt der Moment im Dezember 1994, als Maurizio Gaudino – von der Eintracht gerade freigestellt – nach der RTL-Sendung »Gottschalk Late Night« verhaftet wird und eine Nacht hinter Gittern verbringen muss. Der Fall sorgt für Aufsehen, und Gaudino entschließt sich spontan zu einem Wechsel auf die Insel – zum Traditionsklub Manchester City.

Maurizio Gaudinos Eltern kamen aus Italien nach Baden-Württemberg. Der hochtalentierte Sprössling begann bei der TSG Rheinau zu kicken und wechselte 1980 zu Waldhof Mannheim in die B-Jugend. Sein erstes Spiel als Profifußballer bestritt er 1984. 1987 folgte der Wechsel zum VfB Stuttgart, mit dem er 1992 Deutscher Meister wurde. Ein Jahr nach dem Titelgewinn holte ihn die Eintracht

»Ein Spieler muss akzeptieren, nicht verstehen!«

Maurizio Gaudino

an den englischen Erstligisten Manchester City, später an CF América Ciudad de México ausgeliehen. Er kehrte nach dem Abstieg 1996 für eine Saison noch einmal zurück und erzielte in 32 Spielen 9 Tore.

1997 wechselte er zum FC Basel in die Schweizer Nationalliga A. Seine letzten Stationen als Fußballer waren der Erstligist VfL Bochum und der türkische Erstligist Antalyaspor.

Von 1993 bis 1994 lief Gaudino fünf Mal für die A-Nationalmannschaft auf. Bei der Fußball-WM 1994 in den USA gehörte er zum Kader des DFB-Teams, wurde aber von Bundestrainer Berti Vogts nicht eingesetzt.

Für die Eintracht machte Gaudino 75 Ligaspiele und traf 16 Mal. In sechs DFB-Pokalspielen schoss er 1 Tor und in 11 Europapokalspielen 3 Tore.

und Gaudino zeigte so überzeugende Leistungen, dass Bundestrainer Berti Vogts ihn 1994 erstmals in die A-Nationalmannschaft berief. Er war allerdings im gleichen Jahr mit Okocha und Yeboah Teil des Trios, das ein Sondertraining bei Jupp Heynckes und das anschließende Bundesligaspiel verweigerte. Die Folge: Yeboah und Gaudino wurden suspendiert und Gaudino schließlich Anfang 1995 zunächst

NACHSPIELZEIT

Im Fernsehfilm »Der Schattenmann« (1996) mit u.a. Heinz Hoenig, Mario Adorf, Heiner Lauterbach und Günter Strack wird in der zweiten Folge im Rahmen einer Pressekonferenz ein Fußballer vorgestellt: Ex-Nationalspieler Maurizio Gaudino, der sich selbst spielt.

»DER WEISSE BRASILIANER«

ANSGAR BRINK-MANN
1997/98
2. FUSSBALL BUNDESLIGA

»Das Leben ist kein bunter Teller!«

Ansgar Brinkmann

SAISONRÜCKBLICK

Der Mann mit dem Plastikstuhl – der weiße Gartenstuhl, den Trainer Horst Ehrmantraut sich immer an die Seitenlinie stellen ließ, steht heute im Eintracht-Museum – und einer Menge anderer Eigenarten flößt der Eintracht wieder Leben ein. Und: Durch die Verpflichtungen der Rückkehrer Sobotzik und Wolf sowie Gebhardt, Zampach, Epp und zur Winterpause

AUF EINEN BLICK

SPIELE/S/U/N/TORE/TD/PUNKTE:
1. Platz
34 | 17 | 13 | 4 | 50:32 | 18 | 64

TOPSPIELER DER MANNSCHAFT:
Petar Hubtchev (Kicker-Note: 2,89)

BESTER TORSCHÜTZE:
Thomas Sobotzik (10 Tore)

HÖCHSTER SIEG:
4:1 gegen den 1. FC Nürnberg

HÖCHSTE NIEDERLAGE:
0:2 beim FC St. Pauli

ZUSCHAUERSCHNITT: 23.596

BESONDERES:
Zum ersten und bisher einzigen Mal in der Bundesliga-Geschichte wird mit dem 1. FC Kaiserslautern unter Otto Rehagel ein Aufsteiger auf Anhieb Meister.

Westerthaler und Brinkmann gelingt es, die Abgänge (Becker, Bommer, Dickhaut, Ekström, Gaudino, Komljenovic oder etwa Roth) zu kompensieren und das Mannschaftsgefüge so auszubalancieren, dass der Wiederaufstieg anvisiert werden kann. Und das zu Recht: Nach dem 26. Spieltag übernimmt die Eintracht die Tabellenführung und am letzten Spieltag bringt ein Sieg gegen Fortuna Köln auch die Zweitligameisterschaft.

Deutscher Meister wird der 1. FC Kaiserslautern gerade mal zwei Punkte vor dem FC Bayern München und erneut Bayer 04 Leverkusen.

In die zweite Liga gehen Arminia Bielefeld, der Karlsruher SC und der 1. FC Köln.

Im DFB-Pokal bedeutet die Niederlage in Duisburg (0:1) nach Siegen in Halle (4:0) und gegen den Bundesligisten Werder Bremen (3:0) das Aus im Achtelfinale.

ANSGAR BRINKMANN
(* 5. Juli 1969 in Vechta)

DER BESONDERE MOMENT

Ansgar Brinkmanns Lieblingssatz »Wenn ich du wäre, wäre ich lieber ich!« diente ihm nicht nur dazu, Mitspieler bei nächtlichen Spaß-Anrufen zu ärgern, sondern spiegelt auch ein Stück seinen Werdegang: In 20 Jahren Profifußball hat Brinkmann 18 Mal den Verein gewechselt und lief dabei für 12 unterschiedliche Vereine auf.

Brinkmann wuchs als jüngstes von sieben Geschwistern in Bakum im Oldenburger Münsterland auf. Bevor ihn 15 Talentscouts von Bayer 05 Uerdingen entdeckten, kickte er beim SC Schwarz-Weiß Bakum und bei Blau-Weiß Lohne. In seiner Zeit in Krefeld machte er nebenbei sein Berufsbildungsjahr im Kfz-Handwerk. Zu Beginn seiner Profikarriere zog es den Mittelfeldmann 1987 wieder mehr in den Norden zu Zweitligist VfL Osnabrück. Die weiteren Stationen: Zweitligist Preußen Münster, Mainz 05, noch einmal Münster, Gütersloh, Verl und Cloppenburg. Dann folgte 1997 der Wechsel zur Eintracht, mit der er 1998 in die Bundesliga aufstieg und die er als Publikumsliebling 1999 nach 46 Spielen und vier Toren in Richtung Tennis Borussia Berlin verließ. Danach spielte der weiße Brasilianer noch für den VfL Osnabrück, den LR Ahlen, den FC Kärnten, Dynamo Dresden und im Januar 2006 erneut Preußen Münster, wo er seine Karriere beendete.

NACHSPIELZEIT

Ansgar Brinkmann unterstützt als offizieller Pate das Kinderhospiz Bethel und zeigt dabei unglaublichen Tiefgang: »Ich empfinde ein tiefes Mitgefühl für Menschen, die dem Tod des eigenen Kindes entgegenblicken müssen. In dieser schweren Lebensphase ist es eine unglaubliche Entlastung, die Unterstützung anderer Menschen in einer liebevollen Atmosphäre zu spüren. Gerade die Erinnerung an diese letzte Phase wird die Eltern für den Rest ihres Lebens begleiten. Denn die Erinnerung ist das einzige Paradies, aus dem wir nicht vertrieben werden können.«

»DER ÜBERSTEIGER«

JAN ÅGE FJØRTOFT
1998/99

AUF EINEN BLICK

SPIELE/S/U/N/TORE/TD/PUNKTE:
15. Platz
34 | 9 | 10 | 15 | 44:54 | -10 | 37

TOPSPIELER DER MANNSCHAFT:
Oka Nikolov (Kicker-Note: 2,71)

BESTER TORSCHÜTZE:
Chen Yang (8 Tore)

HÖCHSTER SIEG:
5:1 gegen den 1. FC Kaiserslautern

HÖCHSTE NIEDERLAGE:
1:4 beim TSV 1860 München

ZUSCHAUERSCHNITT: 32.447

BESONDERES:
Der letzte Spieltag der Saison gilt als eine Sternstunde der Bundesligakonferenz im Radio. Die Reporter Manfred Breuckmann in Bochum, Günther Koch in Nürnberg und Dirk Schmitt in Frankfurt schaffen es, die Dramatik der sich überschlagenden Ereignisse intensiv zu vermitteln.

SAISONRÜCKBLICK

Mittelstürmer Fjørtoft aus Norwegen, Schneider vom FC Carl Zeiss Jena und Yang von Beijing Guoan sind die wichtigsten Verstärkungen nach dem Wiederaufstieg und spielen eine ganz entscheidende Rolle beim Klassenerhalt. Mittelfeldmann Schneider steht 33 Mal auf dem Platz, Vollblutstürmer Yang macht 8 der 44 Tore und Schlitzohr Fjørtoft bekommt mit seinem Übersteiger in der 89. Minute zum 5:1 gegen den 1. FC Kaiserslautern (mit Ballack) für ewig seinen Platz in den Geschichtsbüchern der Eintracht. Es war schließlich das finale i-Tüpfelchen auf dem irren Endspurt von gleich fünf Mannschaften, die noch in höchster Abstiegsgefahr sind: Nürnberg, Stuttgart, Freiburg, Rostock und die Eintracht mit Feuerwehrmann Berger (kam im April für Fanz, der allein mit seinem Satz »Wenn man keine Tore macht, ist's ganz schwer, ein Spiel zu gewinnen!« in Erinnerung geblieben ist) an der Seitenlinie.

Bayern München holt mit 15 Punkten Differenz die Deutsche Meisterschaft vor Bayer 04 Leverkusen und Hertha BSC.

In die zweite Liga gehen Borussia Mönchengladbach, der VfL Bochum und der 1. FC Nürnberg.

Im DFB-Pokal ist für die Eintracht erneut in Runde 2 Schluss. Nach einem klaren 6:1 beim FC Rot-Weiß Erfurt verliert das Team in Runde 2 knapp mit 2:3 beim VfB Stuttgart.

JAN ÅGE FJØRTOFT
(* 10. Januar 1967 in Ålesund)

DER BESONDERE MOMENT

29. Mai 1999. Der letzte Spieltag der Saison. Eintracht zu Hause gegen den 1. FC Kaiserslautern und wer nicht im Stadion war, hört es im Radio oder sieht es in der Sportschau. Der Original TV-Kommentar: »Und dann kommt Fjöööörtooft! Man kann es eigentlich nicht glauben. 5:1 für Frankfurt ... Und jetzt schaun Sie mal, wie Fjørtoft dieses Ding macht. Kalt wie eine Hundeschnauze. Ein Übersteiger direkt vor dem Torschuss. Das hat's noch nie gegeben. 5:1!«

Jan Åge Fjørtoft begann schon als Kind bei seinem Heimatverein Gursken AK Fußball zu spielen. Er ging 1988 nach Lillestøm und

>»Jörg Berger ist so ein guter Trainer, der hätte auch die Titanic gerettet.«

Jan Åge Fjørtoft nach dem Klassenerhalt 1999

»Ob Felix Magath die Titanic gerettet hätte, weiß ich nicht – aber die Überlebenden wären topfit gewesen.«

Jan Åge Fjørtoft nach dem Klassenerhalt 2000

England wie Swindon Town, Sheffield United, Middlesbrough und FC Barnsley. 1998 wechselte er zur Eintracht und schoss bis 2001 in 52 Spielen für die Adler 14 Tore. Keine überwältigende Bilanz für einen Stürmer, aber Fjørtoft wurde trotzdem wegen seiner schlagfertigen Kommentare schnell zum Publikumsliebling.

Im Jahre 2001 kehrte er zurück nach Norwegen zu Stabæk Fotball und beendete 2002 bei Lillestrøm SK seine Karriere.

Insgesamt hat Fjørtoft in 620 Pflichtspielen in vier verschiedenen Ländern 307 Tore geschossen. Außerdem absolvierte er 71 Länderspiele für Norwegen und schoss dabei 20 Tore. 15 Spiele war er Kapitän für Norwegen.

führte sein Team mit 21 als Torschützenkönig der norwegischen Eliteserien zur norwegischen Vizemeisterschaft. 1989 zog es ihn ins Ausland zu Rapid Wien, wo er auf Anhieb Spieler des Jahres in Österreich wurde. Dort blieb er bis 1993 und spielte dann fünf Jahre lang für verschiedene Klubs in

NACHSPIELZEIT

Aus einem Aprilscherz heraus gründete sich in Frankfurt am Main im April 2007 eine echte Initiative zur Umbenennung des Walther-von-Cronberg-Platzes in »Jan-Aage-Fjörtoft-Platz«, um das Andenken an den in Frankfurt längst zur Legende erhobenen Spieler zu bewahren.

»FUSSBALLGOTT I.«

THOMAS ZAMPACH
1999/2000

AUF EINEN BLICK

SPIELE/S/U/N/TORE/TD/PUNKTE:
14. Platz
34 | 12 | 5 | 17 | 42:44 | -2 | 39

TOPSPIELER DER MANNSCHAFT:
Dirk Heinen (Kicker-Note: 2,85)

BESTER TORSCHÜTZE:
Bachirou Salou (8 Tore)

HÖCHSTER SIEG:
4:0 gegen Hertha BSC und den VfL Wolfsburg

HÖCHSTE NIEDERLAGE:
1:4 beim FC Bayern München und bei Bayer 04 Leverkusen

ZUSCHAUERSCHNITT: 35.867

BESONDERES:
Eintracht Frankfurt wurden wegen Verstößen gegen die Lizenzbestimmungen 2 Punkte abgezogen. Punkt- und torgleich mit Schalke 04 wurden die Adler 14. Schalke reichte der direkte Vergleich (0:0 und 2:0) für Platz 13.

SAISONRÜCKBLICK

Ein Darlehen des Sportrechtevermarkters ISPR macht es möglich: Die Abgänge von Schneider, Sobotzik und Brinkmann werden mit Salou, Guié-Mien, Heldt und Kracht kompensiert. Mehr als 15 Millionen Euro nimmt das Präsidium dafür in die Hand, doch auch in Frankfurt wird schnell klar: Geld schießt keine Tore. Und so stehen zur Halbzeit nur 11 Punkte auf der Habenseite. Schlimmer noch: Der Abstand zum rettenden Ufer beträgt bereits acht Punkte. Die Konsequenz: Jörg Berger muss kurz nach Weihnachten gehen. Felix Magath kommt. Mit Erfolg: In

> »Ich würde barfuß nach Bethlehem laufen, um den Klassenerhalt zu schaffen.«
>
> *Thomas Zampach*

der Rückrunde schleppen die Spieler im Training Medizinbälle und bei den Spielen genügend Punkte – 28 – nach Hause, um den Klassenerhalt schon am 32. Spieltag festzumachen. Für eine Trendwende im Pokal kommt Magath zu spät. Die Eintracht ist in Runde 3 durch ein 1:2 beim 1. FC Köln längst ausgeschieden.

Bayern München wird punktgleich mit Bayer 04 Leverkusen aufgrund des deutlich besseren Torverhältnisses Deutscher Meister. Der Hamburger SV hat als Dritter 14 Punkte weniger auf dem Konto. Absteigen müssen der MSV Duisburg, Arminia Bielefeld und der SSV Ulm 1846.

THOMAS ZAMPACH
(* 27. Dezember 1969 in Frankfurt am Main)

DER BESONDERE MOMENT

7. Juni 1998. Letzter Spieltag der Millenium-Saison. Mit einem 4:2-Heimsieg gegen Fortuna Köln macht die Eintracht die Zweitligameisterschaft klar. Als das Spiel abgepfiffen wird, brechen alle Dämme. Erst fliegt Zampachs Trikot, dann seine Stutzen und die Schienbeinschoner in die Menge. Dann folgt die Frage: »Wollt ihr auch noch meine Hose?« Klare Antwort: »Klar, her damit.«

Thomas Zampach ist inmitten einer kunterbunten Multi-Kulti-Gesellschaft im Frankfurter Stadtteil Frankfurter Berg aufgewachsen. Schon mit zehn Jahren spielte er bei seinem Herzensverein Eintracht Frankfurt. Dann diagnostizierten die Ärzte bei ihm Lymphdrüsenkrebs und mit dem Fußball war es erst einmal vorbei. Nach der Genesung spielte er in der A-Jugend für Kickers Offenbach, eine nach eigenen Angaben »schwere Entscheidung für einen eingefleischten Eintracht-Fan«. Die weiteren Stationen: der SV Bad Vilbel und – nachdem er eine Lehre als Werkzeugmacher abgeschlossen hatte – 1991 der 1. FSV Mainz 05, wo er mit Jügen Klopp eine Fahrgemeinschaft bildete.

Sechs Jahre später, am 25. Juli 1997, wurde sein Traum, bei der Eintracht in der Bundesligamannschaft zu spielen, wahr. »Zampe« war von Ehrmanntraut geholt worden und gab sein Debüt im Waldstadion gegen Fortuna Düsseldorf. Von diesem Tag an schaffte es der Frankfurter in Rekordzeit, beliebtester Spieler der Mannschaft zu werden. Bereits Mitte August 1997 beim DFB-Pokal-Auswärtsspiel in Halle war der Gesang »Thomas Zampach, Fußballgott!« zum ersten Mal zu hören. Zampach bestritt 63 Erst- und Zweitligaspiele für die Eintracht und erzielte zwei Tore.

Außerdem bestritt er 164 Spiele in der 2. Liga für den FSV Mainz 05 und Eintracht Frankfurt und erzielte 11 Treffer. Von 2001 bis 2004 war er Fan-Koordinator bei der Eintracht.

In der Saison 2009/10 trainierte Zampach bis zur Winterpause die zweite Mannschaft des SV Wehen Wiesbaden. Parallel spielte er in der hessischen Verbandsliga Mitte für den FC Schlossborn, bei dem er seine Karriere als aktiver Fußballer beendete. Danach folgte noch eine Station als Co-Trainer unter Kosta Runjaić beim SV Darmstadt 98. »Zampe« war Botschafter der Initiative »Respekt! Kein Platz für Rassismus!«

NACHSPIELZEIT

Im Dezember 2017 spendete Thomas Zampach seinem Bruder Paul eine Niere und damit schloss sich für ihn auch ein Kreis. Paul hatte seinen kleinen Bruder zum Arzt geschickt und dafür gesorgt, dass der Lymphdrüsenkrebs früh erkannt und geheilt werden konnte.

»DAS RAUBEIN«

JERMAINE JONES
2000/01

AUF EINEN BLICK

SPIELE/S/U/N/TORE/TD/PUNKTE:
17. Platz
34 | 10 | 5 | 19 | 41:68 | -27 | 35

TOPSPIELER DER MANNSCHAFT:
Dirk Heinen (Kicker-Note: 2,90)

BESTER TORSCHÜTZE:
Pawel Kryszalowicz (7 Tore)

HÖCHSTER SIEG:
4:0 gegen Hansa Rostock

HÖCHSTE NIEDERLAGE:
1:6 bei Borussia Dortmund

ZUSCHAUERSCHNITT: 29.147

BESONDERES:
Am letzten Spieltag gelingt den Bayern in der 4. Minute der Nachspielzeit noch der Ausgleich beim HSV. Da der Abpfiff in Gelsenkirchen schon einige Minuten vorher erfolgt ist, feiert man dort schon den vermeintlichen Titelgewinn. Die Schalker müssen sich schließlich mit dem Titel »Meister der Herzen« begnügen.

SAISONRÜCKBLICK

Den Klassenerhalt geschafft und durch den Einstieg von Octagon mit insgesamt 50 Millionen Euro (Anteile und zinsloses Darlehen) aller finanzieller Sorgen ledig, scheint die Eintracht im Sommer 2000 auf einem guten Weg in eine bessere Zukunft. Davon träumt ganz Frankfurt – spätestens nachdem die Eintracht am 13. Spieltag 2:1 in München gewinnt und mit 20 Punkten auf dem fünften Platz steht. Danach jedoch beginnt eine rasante Schlussfahrt. Die Eintracht überwintert mit Mühe auf dem 15. Tabellenplatz und Ende Januar 2001 muss Trainer Magath nach einem 1:5 gegen den 1. FC Köln gehen. Nachfolger wird der 2000 installierte Sportdirektor Rolf Dohmen, doch auch er hält sich nicht lange. Am 17. März, als Publikumsliebling Fjørtoft beim 1:1 gegen den HSV letztmals das Eintracht-Trikot überstreift, endet auch Dohmens Zeit auf der Eintracht-Bank. UEFA-Cup-Erfolgstrainer Friedel Rausch übernimmt. Doch auch der dritte Trainer in der laufenden Spielzeit kann nichts mehr retten.

Im DFB-Pokal erlebt die Eintracht gleich zu Saisonbeginn ein Fiasko und fliegt durch ein 1:6 gegen die Amateure des VfB Stuttgart aus dem Wettbewerb.

Die Schale holt sich einmal mehr Bayern München mit einem Punkt Vorsprung vor Schalke und Dortmund. Absteigen müssen neben der Eintracht die SpVgg Unterhaching und der VfL Bochum.

JERMAINE JUNIOR JONES

(* 3. November 1981 in Frankfurt am Main)

DER BESONDERE MOMENT

Am Samstag, 8. Dezember 2007, kehrt Jermaine Jones mit dem FC Schalke 04 zurück nach Frankfurt. Die Liebe der Fans hat sich längst in Frust verwandelt. Über Monate hatte Jones Versteck gespielt und auch ein Bleiben in Frankfurt für möglich gehalten. Im Nachhinein hatte sich herausgestellt, dass der Wechsel schon lange vorher perfekt gemacht worden war. Das mögen keine Fans der Welt.

Jermaine Jones spielte als Jugendlicher beim SV Bonames und beim FV Bad Vilbel. Ab der Saison 2000/01 stand er im Profikader der Eintracht, trat in seinem ersten Jahr jedoch zumeist für die 2. Mannschaft an. In seiner zweiten Saison 2001/02 gelang ihm in der 2. Bundesliga der Durchbruch und er erkämpfte sich einen Stammplatz in der 1. Mannschaft. 2003 stieg er mit dem Team auf, kam aber im Oberhaus nach einer Verletzung nur zu fünf Einsätzen.

In der Winterpause der Saison 2003/04 wechselte Jones ablösefrei nach Leverkusen, kam jedoch

nach eineinhalb Jahren und nur wenigen Einsätzen in der Werkself auf Leihbasis zur Eintracht zurück. Von Friedhelm Funkel wurde der bis dahin zumeist offensiv eingesetzte Jones zum defensiven Mittelfeldspieler umgeschult und nach dem erneuten Aufstieg zu Beginn der Saison 2004/05 zum Kapitän ernannt. Zu Beginn der Saison 2005/06 verletzte sich Jones und konnte erst Ende 2006 sein Comeback feiern. Er wechselte schließlich im Sommer 2007 zum FC Schalke 04, wo er sich schnell

»Ich trage nächste Saison das Trikot mit dem Adler auf der Brust und schieße euch in den UEFA-Cup.«

Jermaine Jones während der Aufstiegsfeier der Eintracht auf dem Römerberg 2003

Karriere im Alter von 36 Jahren beendete.

Für die Eintracht absolvierte Jones 52 Zweitliga- und 165 Bundesliga-Partien. Auf nationaler Ebene spielte er in verschiedenen Jugendnationalmannschaften und vier Mal für die deutsche A-Nationalmannschaft, bevor er 2009 seinen Wechsel zum US-amerikanischen Verband bekanntgab. Er bestritt zwischen 2010 und 2017 69 Länderspiele (4 Tore) für die USA.

Insgesamt musste Jones in seiner Karriere aufgrund von Fouls zwölf Mal vorzeitig duschen gehen.

Er wurde 2011 DFB-Pokal-Sieger und DFL-Supercup-Sieger mit Schalke 04.

einen Stammplatz erspielte, aber von Felix Magath drei Jahre später ausgemustert wurde. Es folgte der Wechsel auf Leihbasis zu Blackburn Rovers und im Juli 2011 die Rückkehr nach Gelsenkirchen. Weitere Stationen: Beşiktaş Istanbul (2014), MLS-Franchise New England Revolution, Colorado Rapids, LA Galaxy, Ventura County Fusion und Ontario Fury, wo er seine

NACHSPIELZEIT

Jermaine Jones ist der Sohn eines in Deutschland stationierten US-amerikanischen Soldaten und einer deutschen Frau und wuchs in Frankfurt-Bonames auf. Mit der aus dem gleichen Stadtteil stammenden Fußball-Weltmeisterin, DFB-Direktorin und Nationaltrainerin Steffi Jones ist er nicht verwandt. Allerdings war deren Mutter seine Tagesmutter.

»DR. PREUSS«

CHRIS-TOPH PREUSS

2001/02
2. FUSSBALL BUNDESLIGA

AUF EINEN BLICK

SPIELE/S/U/N/TORE/TD/PUNKTE:
7. Platz
34 | 14 | 12 | 8 | 52:44 | 8 | 54

TOPSPIELER DER MANNSCHAFT:
Oka Nikolov (Kicker-Note: 2,79)

BESTER TORSCHÜTZE:
Pawel Kryszalowicz (16 Tore)

HÖCHSTER SIEG:
4:0 beim 1. FC Union Berlin

HÖCHSTE NIEDERLAGE:
1:4 gegen die SpVgg Greuther Fürth und bei Arminia Bielefeld

ZUSCHAUERSCHNITT: 14.151

BESONDERES:
Mit dem letzten Heimspiel gegen Absteiger Babelsberg (1:1 am 5. Mai) heißt es auch Abschied nehmen vom Waldstadion. Für die WM 2006 steht ein vollständiger Umbau an, der mit dem Abriss der Stehkurven beginnt.

SAISONRÜCKBLICK

Der neue Trainer heißt Martin Andermatt. Vorgänger Friedel Rausch übernimmt die Position des Sportdirektors, tritt aber zurück, als Tony Woodcock Sportvorstand der AG wird. Sportlich schlingert die Eintracht ähnlich heftig wie die Führungsriege und so rutscht das Team, das im Defensivbereich im Winter durch Wiedener verstärkt wurde, auf

»Wir haben morgens im Hotel zusammen die schönsten Tore Europas geschaut und uns gedacht: Wer nicht wagt, der nicht gewinnt.«

Christoph Preuß zu seinem Traumtor gegen die Bayern

den siebten Platz ab. Am 8. März 2002 übernimmt Armin Kraaz das Traineramt mit der Maßgabe, es zum Saisonende wieder abzugeben. Aber durchaus erfolgreich. Am Ende landet die Eintracht mit 21 Punkten hinter Zweitligameister Hannover 96 auf Platz 7.

Auch im DFB-Pokal ist die Mannschaft weit von den glänzenden Zeiten entfernt. Nachdem man bei den Amateuren von Werder Bremen bereits das Elfmeterschießen zum Weiterkommen brauchte, ist im Achtelfinale gegen Hertha BSC (1:2 n. V.) Schluss.

Deutscher Meister wird Borussia Dortmund mit einem Punkt vor Dauer-Vizemeister Bayer 04 Leverkusen und dem FC Bayern München. Absteigen müssen der SC Freiburg, der 1. FC Köln und der FC St. Pauli.

CHRISTOPH PREUSS
(* 4. Juli 1981 in Gießen)

DER BESONDERE MOMENT

Am 17. März 2007 erzielte Christoph Preuß per Fallrückzieher das Tor zum entscheidenden 1:0 gegen den FC Bayern München. Dieses Tor gegen Oliver Kahn wurde zum Tor des Monats März und auf Platz zwei bei der Wahl zum Tor des Jahres gewählt.

Aufgewachsen im hessischen Linden, spielte Christoph Preuß zunächst bei seinem Heimatclub TSV Großen-Linden, bevor er zur Eintracht ging und am Riederwald zum U17-Nationalspieler wurde. Er durchlief alle Nachwuchsmannschaften des DFB bis zur U21. Insgesamt absolvierte er 47 Spiele für DFB-Jugendnationalmannschaften und erzielte dabei sechs Tore.

Mit großen Ambitionen startete er seine Profikarriere bei der Eintracht im Jahr 2000, doch seine erste Saison als Bundesligaspieler endete mit dem Abstieg der Eintracht. Preuß stand in 21 Spielen auf dem Platz und schoss ein Tor.

Nach einem Jahr in der zweiten Liga (31 Spiele, 4 Tore) wechselte er 2002 zu Bayer 04 Leverkusen. Da er den erhofften Durchbruch am Rhein nicht schaffte, kehrte er nach einem Jahr zur Eintracht zurück, wurde einer der Leistungsträger, konnte aber den erneuten Abstieg nicht verhindern. Nach einer einjährigen Stippvisite in Bochum, die ebenfalls mit dem Abstieg endete, spielte er ab der Saison 2005/06 wieder für die Eintracht, die sich im Oberhaus zurückgemeldet hatte.

Nach mehreren schweren Verletzungen beendete er am 28. Januar 2010 seine aktive Laufbahn. Er schoss für die Eintracht in 131 Bundesligaspielen 8 Tore und in 31 Zweitligaspielen 4 Tore. Außerdem stand er in seiner Karriere in 14 DFB-Pokalspielen und 5 Europacup-Spielen auf dem Platz.

NACHSPIELZEIT

2010 begann Preuß ein Sportmanagement-Studium und durchlief ein Traineeprogramm bei Eintracht Frankfurt. Am Ende des Studiums wurde er auf Dauer im Bereich der Lizenzspielerabteilung eingesetzt und fungiert seit Sommer 2012 als Teammanager.

»SCHUI«

ALEX SCHUR
2002/03
2. FUSSBALL BUNDESLIGA

AUF EINEN BLICK

SPIELE/S/U/N/TORE/TD/PUNKTE:
3. Platz
34 | 17 | 11 | 6 | 59:33 | 26 | 62

TOPSPIELER DER MANNSCHAFT:
Jens Keller (Kicker-Note: 2,95)

BESTER TORSCHÜTZE:
Erwin Skela (10 Tore)

HÖCHSTER SIEG:
4:0 gegen den FC St. Pauli

HÖCHSTE NIEDERLAGE:
0:2 gegen den SV Wacker Burghausen

ZUSCHAUERSCHNITT: 16.582

BESONDERES:
Die DFL verweigert der Eintracht am 19. Juni wegen einer angeblich nicht korrekt erbrachten Bankgarantie die Lizenz. Die Eintracht Frankfurt Fußball AG beauftragt daraufhin Rechtsanwalt Christoph Schickhardt und ruft das Schiedsgericht an, das die DFL-Entscheidung aufhebt. Nun zieht die SpVgg Unterhaching vor die Gerichte, um ihren eigenen sportlichen Abstieg durch einen Zwangsabstieg der Eintracht zu revidieren. Doch am 17. Juli weist das Oberlandesgericht Frankfurt die entsprechende Klage endgültig ab, die Eintracht erhält einen Tag später die Lizenz.

SAISONRÜCKBLICK

Die Eintracht kann auch in der 2. Liga die Spannung auf die Spitze treiben. War es drei Jahre zuvor der Norweger Fjørtoft, der in allerletzter Sekunde den Abstieg verhinderte, so durfte diesmal ein Eigengewächs ran: Ein Frankfurter, der immer nur für Frankfurter Vereine spielte, besorgte den Aufstiegstreffer. Alex Schur trifft in der Nachspielzeit zum alles entscheidenden 6:3 gegen Reutlingen und reißt Mainz 05 aus allen Aufstiegsträumen. Aber auch Spieler wie Keller und Top-Torschütze Skela haben großen Anteil am Aufstieg.

Im DFB-Pokal kommt das Team des neuen Cheftrainers Willi Reimann durch ein 3:2 n. V. bei Rot-Weiß Erfurt in die nächste Runde, doch da ist gegen Hansa Rostock (0:1) auch schon Schluss.

Deutscher Meister wird Bayern München vor dem VfB Stuttgart und Borussia Dortmund. Absteigen müssen Arminia Bielefeld, der 1. FC Nürnberg und Energie Cottbus.

ALEXANDER SCHUR

(* 23. Juli 1971 in Frankfurt am Main)

»Ich habe Magaths Training überlebt. Im wahrsten Sinne: Überlebt!«

Alex Schur

DER BESONDERE MOMENT

Da muss man bei Alex Schur nicht lange nachdenken: 25. Mai 2003. Kopf an Kopf gehen Mainz und die Eintracht ins Finale der Zweitligasaison. Beide haben 59 Punkte. Die Eintracht ein um ein Tor besseres Torverhältnis. Doch es scheint so, als würde sie diesen Vorteil gegen Reutlingen verspielen.

Nach einer Stunde führt Mainz mit 4:0 in Braunschweig, während Absteiger Reutlingen zum 3:3 ausgleichen kann. In der 80. Minute verkürzt Braunschweig zwar auf 1:4, aber trotzdem sieht sich Mainz mit Jürgen Klopp an der Seitenlinie schon in der Ersten Liga. Drei Tore wird die Eintracht wohl kaum noch schießen. Doch da irren die Rheinhessen mächtig. Zwei Mal Diakité und vor allem Alex Schur mit seinem Kopfballtor in der Nachspielzeit sorgen für den 6:3-Endstand und den Aufstieg. FFH-Reporter Chris Berdrow brüllt ins Mikrofon: »Das ist geiler als Sex, meine Freundin möge mir verzeihen.«

Ab seinem sechsten Lebensjahr kickte Alex Schur beim VfR Bockenheim. Mit 17 wechselte er 1988 zu Rot-Weiss Frankfurt in die Oberliga Hessen, spielte am Brentanobad sechs Jahre und wurde in der Saison 1989/90 Oberligameister sowie 1989 und 1992 Hessenpokalsieger. Es folgte eine Saison beim Lokalrivalen FSV Frankfurt, dann lotste Charly Körbel den 24-Jährigen 1995 zur Eintracht als Verstärkung für die 2. Mannschaft. Schon ein Jahr später folgte die Beförderung in das Bundesligateam, in dem Schur von 1996 bis 2006 in insgesamt 251 Pflichtspielen 23 Tore erzielte.

Schur war über mehrere Jahre Kapitän der Eintracht. Seit dem 22. Mai 2004 hat er auch seinen eigenen Fan-Club, den »EFC oldSCHURhand«.

Nach dem Ende seiner Profilaufbahn im Sommer 2006 ließ der gelernte Bankkaufmann seine Karriere bei den Sportfreunden Seligenstadt in der Bezirksoberliga Frankfurt-Ost ausklingen.

In der Saison 2007/08 begann er als Co-Trainer der Eintracht-A-Jugend, rückte aber im Dezember 2007 zum Co-Trainer der zweiten Mannschaft auf. Im Sommer 2009 übernahm er als Trainer die B-Jugend der Eintracht und wurde 2009/10 Deutscher Meister. Anfang Januar 2011 übernahm er die U19 und ab der Saison 2012/13 trainierte er bis 2013/14 die zweite Mannschaft von Frankfurt.

NACHSPIELZEIT

Erst nach der Deutschen Meisterschaft absolvierte Schur den Lehrgang zum Fußballlehrer und zählte bei den Profis zum Trainerteam von Armin Veh in der Vorbereitung auf die Saison 2015/16. Er hatte als Trainer den Spitznamen Schnitzel. Der Grund: Eine Ansprache an die Mannschaft vor einem Testspiel beendete er mit dem Satz: »Und heute klopfen wir die hier wie ein Schnitzel.«

»DER GLADIATOR: CHRIS«

CHRISTIAN MAICON HENING
2003/04

AUF EINEN BLICK

SPIELE/S/U/N/TORE/TD/PUNKTE:
16. Platz
34 | 9 | 5 | 20 | 36:53 | -17 | 32

TOPSPIELER DER MANNSCHAFT:
Oka Nikolov (Kicker-Note: 3,23)

BESTER TORSCHÜTZE:
Erwin Skela (8 Tore)

HÖCHSTER SIEG:
3:0 gegen Schalke 04 und den SC Freiburg

HÖCHSTE NIEDERLAGE:
0:3 gegen 1860 München sowie bei Hannover 96 und Hansa Rostock

ZUSCHAUERSCHNITT: 26.567

BESONDERES:
Im Spiel gegen Borussia Dortmund schubst Trainer Willi Reimann den vierten Offiziellen Thorsten Schriever und bekommt für diese Tätlichkeit ein Innenraumverbot für fünf Spieltage und eine Geldstrafe von 25.000 Euro aufgebrummt.

SAISONRÜCKBLICK

Den Klassenerhalt will man unter anderem mit den neuen Spielern Frommer, Lexa, Cha und Pröll schaffen. Nach drei erfolglosen Spieltagen kommen noch Preuß und Ende August der reaktivierte Möller hinzu. Aber selbst der Brasilianer Chris, der im September sein erstes Spiel für die Eintracht bestreitet, kann nichts daran ändern, dass die Reise geradewegs in Richtung 2. Liga führt. Zum

»Er ist unser härtester Spieler!«

Heribert Bruchhagen

Ende der Hinrunde haben die Adler als Tabellenletzter gerade einmal 16 Tore erzielt und 12 Punkte ergattert. Zwar wird es in der Rückrunde besser, aber mehr als der 16. Platz ist nicht mehr drin.

Die Schale holt sich Werder Bremen mit Thomas Schaaf an der Seitenlinie vor dem FC Bayern München und Bayer 04 Leverkusen. Absteigen müssen neben der Eintracht 1860 München und der 1. FC Köln.

Im DFB-Pokal folgt einem Sieg in Offenbach (5:4 n. E.) eine 1:2-Heimniederlage gegen Duisburg.

CHRISTIAN MAICON HENING

(* 25. August 1978 in Blumenau)

DER BESONDERE MOMENT

Es ist der siebte Spieltag der Saison 2010/11: Die Eintracht tritt beim

VfB Stuttgart an und in der 18. Spielminute wirft Eintracht-Kapitän Chris von der rechten Seite aus bis in den Stuttgarter Strafraum hinein ein. Gekas nutzt die Unordnung der Stuttgarter und köpft ein. 1:0. Das 2:0 zum 2:1-Sieg besorgt Chris dann in Durchgang zwei selbst und riskiert in beiden Fällen seine Gesundheit. Nach einer Bandscheiben-Operation hatten Ärzte geraten, die hohe Belastung bei Einwürfen und Kopfbällen nicht mehr einzugehen.

Chris, der auch einen italienischen Pass besitzt, wuchs in der südbrasilianischen Stadt Blumenau auf und spielte bei Curitiba und Porto Alegre in Brasilien, bevor er im Winter 2003 vom FC St. Pauli verpflichtet wurde.

Nach 13 Spielen und drei Toren beim Zweitligisten holte ihn die Eintracht zur Saison 2003/04 in der Hoffnung, der Brasilianer könnte für mehr Kompaktheit im Defensivverbund sorgen. Mit wenig Erfolg. Die Mannschaft stieg ab. Nicht ohne Nebengeräusche für Chris, der trotz eines gültigen Vertrags in Frankfurt beim brasilianischen Fünftligisten Prudentópolis Futebol Clube einen Kontrakt unterschrieben hatte und am Ende für 250.000 Euro von der Eintracht freigekauft werden musste. Eine gute Investition, denn als bald dienstältester Feldspieler der Eintracht hatte der Brasilianer bei der Entwicklung der Mannschaft großen Anteil. Sein Stellenwert wurde zu Beginn der Saison 2010/11 auch dadurch unterstrichen, dass er die Kapitänsbinde bekam. Allerdings stand er aufgrund von Verletzungen im vergeblichen Abstiegskampf nur selten auf dem Platz. Nach dem Gang in die 2. Liga wurde der Vertrag mit Chris aufgelöst. Er spielte anschließend noch für den VfL Wolfsburg (8 Spiele) sowie die TSG Hoffenheim (1 Spiel in der 2. Mannschaft) und beendete seine Karriere schließlich beim brasilianischen Club FC Tombense.

NACHSPIELZEIT

Chris ist dem Fußball auch nach seiner Karriere treu geblieben. Der Abwehrmann, der Portugiesisch, Spanisch, Italienisch, Deutsch und Englisch spricht, arbeitet als Spielerberater und will brasilianischen Spielern beim Wechsel nach Deutschland helfen. Da könnte es lohnen, dass er den Kontakt nach Frankfurt stets gehalten hat.

»DIE LAUFZIEGE«

PATRICK OCHS
2004/05
2. FUSSBALL BUNDESLIGA

AUF EINEN BLICK

SPIELE/S/U/N/TORE/TD/PUNKTE:
3. Platz
34 | 19 | 4 | 11 | 65:39 | 26 | 61

TOPSPIELER DER MANNSCHAFT:
Markus Pröll (Kicker-Note: 2,82)

BESTER TORSCHÜTZE:
Arie van Lent (16 Tore)

HÖCHSTER SIEG:
5:0 bei Erzgebirge Aue

HÖCHSTE NIEDERLAGE:
0:3 beim Karlsruher SC und beim 1. FC Saarbrücken

ZUSCHAUERSCHNITT: 23.866

BESONDERES:
Die Eintracht stellt mit zehn Heimsiegen in Folge einen neuen Vereinsrekord auf.

SAISONRÜCKBLICK

Der neue Trainer Friedhelm Funkel setzt vor allem auf junge Spieler wie Ochs, Cha, Husterer, Meier, Köhler oder Russ. Van Lent soll vorne für die nötigen Tore sorgen. Nachdem die Mannschaft zur Winterpause als Fünfter bereits acht Punkte Rückstand auf einen Aufstiegsplatz aufweist, wird die Defensive mit dem mazedonischen Nationalspieler Vasoski verstärkt und Jones von Leverkusen ausgeliehen. Die Maßnahmen greifen und am 29. Spieltag gelingt erstmals der Sprung auf einen Aufstiegsplatz. Am letzten Spieltag muss die Entscheidung zwischen der Eintracht und 1860 München fallen. Köln und Duisburg sind schon durch. Die Eintracht gewinnt 3:0 gegen Burghausen. 1860 verliert gegen Ahlen mit 3:4.

Im DFB-Pokal ist im Achtelfinale zu Hause gegen Schalke 04 (0:2) Schluss. Davor gab es ein 1:0 bei Rot-Weiß Erfurt und ein 4:2 n. V. bei der SpVgg Greuther Fürth.

Meister wird der FC Bayern München vor dem FC Schalke 04 und Werder Bremen. Absteigen müssen der SC Freiburg, Hansa Rostock und der VfL Bochum.

PATRICK OCHS
(* 14. Mai 1984 in Frankfurt am Main)

DER BESONDERE MOMENT

Am 28. November 2009 (14. Spieltag) wird Ochs von Trainer Michael Skibbe zum ersten Mal im rechten offensiven Mittelfeld im Punktspiel gegen Hertha BSC eingesetzt. Bereits nach 14 Minuten erzielt er das 1:0 für seine Mannschaft und ist nach diesem Spiel auf dieser Position gesetzt. Mehr noch. Für die meisten Fans steht fest: Der Ochs wird sich bald das Nationalmannschafts-Trikot überstreifen.

Patrick Ochs hat die Helmholtzschule im Frankfurter Ostend besucht und kam von Germania Enkheim zur Eintracht. Am Riederwald durchlief er von 1991 bis 2002 sämtliche Jugendmannschaften. Danach war er bis 2004 bei den Amateuren des FC Bayern München unter Trainer Hermann Gerland am Ball und spielte unter anderem mit den späteren Weltmeistern Philipp Lahm und Bastian Schweinsteiger in einer Mannschaft.

Nach der Rückkehr nach Frankfurt zu Beginn der Saison 2004/05 feierte er in seiner ersten Spielzeit als Profi den Aufstieg in die Bundesliga. Für die Eintracht erzielte der Frankfurter Bub, der während seiner aktiven Zeit schon ankündigte, danach kein Fleisch mehr essen zu wollen, in 195 Pflichtspielen fünf Tore.

Zur Saison 2011/12 wechselte der Kapitän der »Rückrunde der Schande« in der Hoffnung auf einen Karrieresprung zum VfL Wolfsburg, wurde von den Niedersachsen aber am letzten Tag der Transferperiode der Sommerpause 2012/13 bis zum Saisonende an die TSG 1899 Hoffenheim ausgeliehen. Immerhin konnte sich die TSG mit ihm in die Relegation retten und gegen Kaiserslautern die Klasse halten.

Zurück in Wolfsburg bereitete er in der Saison 2013/14 ausgerechnet beim Gastspiel des VfL in Frankfurt die beiden Tore zum 2:1-Auswärtssieg der Wölfe vor. Trotzdem (oder vielleicht deshalb) war das Glück

> »Wir müssen nicht lange drumrumreden, dass die Eintracht meine große Liebe ist. Das wird immer so bleiben.«
>
> *Patrick Ochs*

Drittligisten FSV Frankfurt, zurück, für den er noch eine Saison spielte.

Obwohl Ochs in den DFB-Nachwuchsmannschaften aktiv war, schaffte er es nicht, in den A-Kader berufen zu werden.

Ochs wurde DFB-Pokal-Sieger 2015 (mit dem VfL Wolfsburg), Finalist im DFB-Pokal 2006 (mit Eintracht Frankfurt) und schaffte 2005 mit der Eintracht den Aufstieg in die Bundesliga.

Im Frühjahr 2022 hat er die sportliche Leitung im Nachwuchsleistungszentrum übernommen und verantwortet auch die Geschicke der neuen zweiten Mannschaft der Eintracht. Seinen Spitznamen »Laufziege« hat ihm eine Wolfsburger Zeitung verpasst.

in Wolfsburg nicht auf seiner Seite: Am ersten Trainingstag der Saison 2014/15 verletzte sich Ochs so schwer am Kreuzband, dass er die Hinrunde verpasste. Nachdem Wolfsburg seinen Vertrag nicht verlängerte und seine klaren Bekenntnisse zur Eintracht im Kicker bei den SGE-Verantwortlichen ungehört verhallten, kehrte Ochs zu Beginn der Saison 2016/17 in seine Heimat, zum

NACHSPIELZEIT

Die VW-Stadt ist für aufstrebende Adler kein gutes Revier. Der Wechsel nach Wolfsburg hat nicht nur Patrick Ochs nicht weitergebracht. Sebastian Jung schaffte den Durchbruch ebensowenig wie Marco Russ, der nach nur eineinhalb Jahren zurückkehrte. Und auch Chris und Albert Streit, der nach nur fünf Einsätzen beim VfL zum 1. FC Köln weiterzog, fanden im Norden nicht ihr Glück.

»DER GRIECHENPFEIL«

IOANNIS AMANATIDIS
2005/06

SAISONRÜCKBLICK

Trainer Funkel kann bei der Rückkehr in die 1. Liga auf eine ganze Reihe neuer Kräfte bauen: Neben den Nachwuchsspielern Zimmermann, Chaftar und Stroh-Engel kommen Copado sowie Routinier Rehmer. Preuß kehrt zum dritten Mal zur Eintracht zurück, Jones und Meier, die bislang nur ausgeliehen waren, erhalten Verträge. Aus der Schweiz werden die beiden Nationalspieler Huggel und Spycher verpflichtet, kurz vor Saisonstart unterschreibt zudem Amanatidis, der bereits einen Vorvertrag für 2006/07 mit der Eintracht geschlossen hatte. Trotzdem prägt ein Auf und Ab die Saison. Erfreulicherweise mit einem guten Ende.

Dazu hat auch im DFB-Pokal wahrlich nicht viel gefehlt. Hauchdünn mit 1:0 sichert sich der FC Bayern München den Pott gegen eine starke Eintracht, die sich mit Siegen bei Rot-Weiß Oberhausen (2:1), gegen Schalke 04 (6:0), den 1. FC Nürnberg (5:2 n.E.), bei 1860 München (3:1) und im Halbfinale gegen Arminia Bielefeld (1:0) für Berlin qualifiziert hat.

Meister wird der FC Bayern München vor Werder Bremen und dem Hamburger SV. In die 2. Liga gehen die beiden Aufsteiger MSV Duisburg und 1. FC Köln, begleitet vom 1. FC Kaiserslautern.

IOANNIS AMANATIDIS
(* 3. Dezember 1981 in Kozani)

AUF EINEN BLICK

SPIELE/S/U/N/TORE/TD/PUNKTE:
14. Platz
34 | 9 | 9 | 16 | 42:51 | -9 | 36

TOPSPIELER DER MANNSCHAFT:
Oka Nikolov (Kicker-Note: 3,02)

BESTER TORSCHÜTZE:
Ioannis Amanatidis (12 Tore)

HÖCHSTER SIEG:
6:3 gegen den 1. FC Köln

HÖCHSTE NIEDERLAGE:
2:5 Beim FC Bayern München

ZUSCHAUERSCHNITT: 41.892

BESONDERES:
Mit dem FC Bayern München gewinnt zum ersten Mal eine Mannschaft zwei Jahre in Folge Meisterschaft und Pokal.

»Ich hatte immer das Glück, Geld mit Sachen zu verdienen, die mir Spaß machen.«

Ioannis Amanatidis

DER BESONDERE MOMENT

Ioannis Amanatidis wurde im nordgriechischen Kozani geboren und hat einen Großteil seiner Kindheit dort verbracht, bevor er mit neun Jahren nach Stuttgart kam. Mit zehn Jahren begann er beim Stuttgarter SC Fußball zu spielen, mit 14 wechselte er als C-Jugendlicher zum VfB Stuttgart, wo er später von Ralf Rangnick mehrmals in den Bundesligakader berufen wurde. Allerdings noch ohne Einsatzzeiten. Nach einer Zwischenlandung bei Greuther Fürth auf Leihbasis und der wenig erfolgversprechenden Rückkehr zum VfB folgte im Winter 2004 der Wechsel zur Eintracht, die allerdings am Saisonende abstieg. Die Folge: Amanatidis unterschrieb beim 1. FC Kaiserslautern, kam aber nach einem Jahr und dem Wiederaufstieg der Eintracht zurück. Anderen wäre dieses Bäumchen-wechsel-dich-Spiel nicht gut bekommen. Amanatidis aber traf in der Saison 2005/06 12 Mal, schaffte mit der Eintracht den erneuten Klassenerhalt und erreichte das Halbfinale des DFB-Pokals. Das reichte, um nicht nur die Fans auf seine Seite zu bringen, sondern auch Trainer Friedhelm Funkel: Von 2007 bis 2009 war Amanatidis Mannschaftskapitän. Mit der Verpflichtung von Michael Skibbe, der nebenbei bemerkt auch für das Zitat »Ich bin immer offen für Kritik, nur sie muss konstruktivistisch sein« verantwortlich zeichnete, verlor Amanatidis zunächst die Binde, dann seinen Stammplatz und nach einer medialen Beschwerde über den Trainer (»Hier geht es nicht nach dem Leistungsprinzip!«) auch die Möglichkeit, mit der Bundesligamannschaft zu trainieren. Und es sollte auch unter dem neuen Coach Armin Veh nicht besser werden. Amanatidis wurde aus dem Profikader aussortiert und trainierte mit der zweiten Mannschaft. Was folgte, waren unschöne juristische Scharmützel und schließlich die Trennung. Amanatidis verlegte seinen Lebensmittelpunkt nach Limassol auf Zypern. Im Gepäck, wie zu lesen war, 2 Millionen Euro Abfindung.

Seine größten Erfolge in seiner Zeit in der Bundesliga waren 2003 die Vize-Meisterschaft mit dem VfB Stuttgart und das Erreichen des DFB-Pokalfinales 2006 mit Eintracht Frankfurt.

Er spielte insgesamt 158 Mal für die Eintracht und erzielte dabei 49 Treffer.

Für die griechische Nationalmannschaft spielte Amanatidis 42 Mal und schoss 12 Tore.

NACHSPIELZEIT

Ende 2007 verbreitete die BILD-Zeitung die Vorwürfe einer Autofahrerin, Amanatidis habe sie im Verlauf eines Streites im Straßenverkehr in Frankfurt geohrfeigt. Amanatidis bestritt dies, ein Ermittlungsverfahren der Staatsanwaltschaft gegen ihn wurde später eingestellt. Stattdessen wurde nun gegen die Frau, die nach ihrer Aussage ein »Leser-Reporter«-Honorar der BILD-Zeitung erhielt, wegen falscher Anschuldigung ermittelt.

2011 gründete Amanatidis sein eigenes Modelabel namens iam exposure.

»BENNY«

BENJAMIN KÖHLER 2006/07

AUF EINEN BLICK

SPIELE/S/U/N/TORE/TD/PUNKTE:
14. Platz
34 | 9 | 13 | 12 | 46:58 | -12 | 40

TOPSPIELER DER MANNSCHAFT:
Oka Nikolov (Kicker-Note: 3,37)

BESTER TORSCHÜTZE:
Naohiro Takahara (11 Tore)

HÖCHSTER SIEG:
4:0 gegen Alemannia Aachen

HÖCHSTE NIEDERLAGE:
2:6 gegen Werder Bremen

ZUSCHAUERSCHNITT: 47.421

BESONDERES:
Elf Mannschaften stecken mit der Eintracht bis wenige Spieltage vor Schluss im Abstiegskampf. Das gab es in dieser Konstellation noch nie.

SAISONRÜCKBLICK

In der Saison 2006/07 in der Bundesliga sieht sich die Eintracht in etwas ruhigerem, wenn auch nicht beruhigendem Fahrwasser. Zur Halbzeit hat das Team unter Friedhelm Funkel exakt die Hälfte der anvisierten Punkte erreicht, und auch im neuen Jahr gerät man nur zwischen dem 23. und dem 25. Spieltag in echte Abstiegsnöte. Wirklich sicher ist die Mannschaft aber erst nach einem 2:1 in Bremen am 33. Spieltag.

Ganz anders im DFB-Pokal. Da schickt sich die Eintracht an, Wiederholungstäter zu werden. Im Halbfinale aber stoppt der 1. FC Nürnberg im Frankenland beim klaren 4:0 die Ambitionen des Vorjahresfinalisten aus Frankfurt. Zuvor gehörte neben Kickers Offenbach (3:0 auf dem Bieberer Berg), der 1. FC Köln (3:1 n.V.) sowie Rot-Weiss Essen (2:1) und die Sportfreunde Siegen (2:0) zu den Stationen.

Im UEFA-Cup zerlegt die Eintracht Brøndby IF in der ersten Runde zu Hause mit 4:0 und kann sich ein 2:2 im Rückspiel erlauben. Trotzdem heißt eine der Stadionbars weiterhin Frankfurt. In der folgenden Gruppenphase gibt es ein 1:2 gegen US Palermo, ein 1:1 bei Celta Vigo, ein 0:0 gegen Newcastle United und ein 2:2 bei Fenerbahçe Istanbul. 3 Punkte, Platz 5 und damit das Ende der Träume.

Meister wird der VfB Stuttgart unter Trainer Armin Veh und Manager Horst Heldt zwei Punkte vor dem FC Schalke 04 und Werder Bremen. Absteigen müssen der 1. FSV Mainz 05, Alemannia Aachen und Borussia Mönchengladbach.

BENJAMIN KÖHLER
(* 4. August 1980 in West-Berlin)

DER BESONDERE MOMENT

Bei der Eintracht, für die Benjamin Köhler die meiste Zeit seiner Profikarriere spielte, gab es viele besondere Momente. Den besonderen Moment des Fußballers aus Berlin erlebten die Eintracht-Fans jedoch in 700 Kilometer Entfernung. Im Februar 2015 wurde bei Köhler, der inzwischen für Union Berlin spielte, ein bösartiger Tumor des Lymphsystems (Hodgkin-Lymphom) im Bauch diagnostiziert. Er kämpfte erfolgreich gegen den Krebs an und erlebte am 18. März 2016 sein Comeback auf dem Platz. Die Eintracht-Familie feierte vor den Bildschirmen mit.

Benjamin Köhler wuchs im Märkischen Viertel in Berlin auf und kickte in der Jugend für den MSV Normannia 08, die Reinickendorfer Füchse, den 1. FC Lübars und

> »Er ist reifer, älter, cleverer, besser – und torungefährlicher geworden.«
>
> *Friedhelm Funkel über die Entwicklung von Benjamin Köhler*

wo er mit 13 Treffern Anteil am Aufstieg in die 2. Bundesliga hatte.

2004 holte die Eintracht den Stürmer, der in einem Spiel in drei Minuten drei Tore gegen Sachsen Leipzig geschossen hatte. Köhler traf in 29 Spielen sieben Mal und die Eintracht schaffte mit ihm den Aufstieg.

Auch in der Saison 2011/12 zwar er mit neun Toren und elf Vorbereitungen wesentlich am Aufstieg beteiligt.

Im Januar 2013 wechselte Köhler zum 1. FC Kaiserslautern, zur Saison 2013/14 schließlich zu Union Berlin.

Im Sommer 2017 beendete Köhler wegen anhaltender Knieprobleme seine aktive Karriere.

schließlich für Hertha BSC. Seinen ersten Bundesligaeinsatz hatte er in der Saison 2000/01 beim 4:0-Sieg seiner Hertha in Frankfurt. Er wurde in der 86. Minute für Dardei eingewechselt. Zur neuen Saison wurde er an den MSV Duisburg ausgeliehen und wechselte 2003 zum Regionalligisten Rot-Weiss Essen,

NACHSPIELZEIT

Benjamin Köhler zählt inzwischen zu den Gastronomen, denen Corona den wirtschaftlichen Knockout versetzt hat. Er musste sein Luna Eiscafé in der East Side Mall in Berlin-Friedrichshain letztlich schließen. Die Gründe für den Absturz: »Keine Touristen, keine Veranstaltungen.«

Nach einer Pause will Köhler geschäftlich neu durchstarten.

»DER DAUERBRENNER«

CHRISTOPH SPYCHER
2007/08

SAISONRÜCKBLICK

Im dritten Jahr von Trainer Funkel werden die Abgänge von Thurk, Takahara, Jones und Rehmer durch Inamoto, Mahdavikia, Fenin, Bajramović und vor allem den Brasilianer Caio

»Christoph ist einer der Köpfe der Mannschaft!«

Trainer Michael Skibbe

kompensiert. Und tatsächlich gelingt es, sich in der Bundesliga zu stabilisieren. 46 Punkte sorgen für einen sicheren Platz im Mittelfeld, und wäre da nicht der Einbruch ab dem 28. Spieltag gewesen, hätte durchaus mehr drin sein können. In den letzten

AUF EINEN BLICK

SPIELE/S/U/N/TORE/TD/PUNKTE:
9. Platz
34 | 12 | 10 | 12 | 43:50 | -7 | 46

TOPSPIELER DER MANNSCHAFT:
Markus Pröll (Kicker-Note: 2,96)

BESTER TORSCHÜTZE:
Ioannis Amanatidis (11 Tore)

HÖCHSTER SIEG:
4:2 gegen den MSV Duisburg

HÖCHSTE NIEDERLAGE:
1:5 beim 1. FC Nürnberg

ZUSCHAUERSCHNITT: 48.365

BESONDERES:
Der Tabellenzehnte Hertha BSC erhält einen weiteren UEFA-Pokal-Startplatz durch die Fair-Play-Wertung.

sieben Begegnungen holt die Eintracht aber nur noch 4 Punkte.

Im DFB-Pokal kommt das Ende nach einem gelungenen Auftakt beim 4:1 bei Union Berlin schon in der 2. Runde. In Dortmund ist beim 1:2 Endstation.

Die Schale holt der FC Bayern München, der bereits am 31. Spieltag die Meisterschaft perfekt macht, vor Werder Bremen und Schalke 04. Absteigen müssen der 1. FC Nürnberg, Hansa Rostock und der MSV Duisburg.

CHRISTOPH SPYCHER
(* 30. März 1978 in Wolhusen)

DER BESONDERE MOMENT

Dienstag, 25. Oktober 2005: Drei Tage nach dem furiosen 6:3 im Ligaspiel gegen den 1. FC Köln nimmt die Eintracht in der 2. Runde des DFB-Pokals den Vorjahresfinalisten und Vizemeister Schalke 04 auseinander. Beim 6:0 im Waldstadion bereitet Christoph Spycher in einer rein schweizerischen Aktion das 2:0 durch Huggel vor und macht das 3:0 anschließend selbst. Der Treffer bleibt der einzige von Spycher im Eintracht-Trikot.

Christoph Spycher, dessen Spitzname »Wuschu« vor allem in der Schweiz ein Begriff ist, und dessen Idol Zinédine Zidane war, wuchs in Oberscherli auf. In seiner Jugend spielte er für den FC Sternenberg, den SC Bümpliz 78 und den FC Münsingen. Seine erste Profistation war von 1999 bis 2001 der FC Luzern. Anschließend ging er zum Grasshopper Club Zürich, mit dem er 2003 Schweizer Meister wurde.

Zur Saison 2005/06 holte ihn die Eintracht und der Schweizer stand in seiner ersten Bundesligasaison gleich 24 Mal auf dem Platz. Er übernahm 2009 in seinem letzten Jahr bei der Eintracht die Kapitänsbinde und galt als verlängerter Arm des Trainers auf dem Spielfeld. Er spielte 149 Mal (129 Bundesligaeinsätze) für die Eintracht und erzielte ein Tor.

Sein Karriereende erlebte Spycher beim BSC Young Boys, wo er im Mai 2014 sein letztes Spiel bestritt.

Im September 2016 trat er die Nachfolge von Fredy Bickel als Sportchef bei YB an.

Für die Schweizer Nationalmannschaft spielte Spycher 47 Mal.

NACHSPIELZEIT

Nach fast sechs Jahren als Sportchef bei Young Boys Bern hat Christoph Spycher sein Amt im Frühjahr 2022 niedergelegt. Er bleibt dem Verein in einer etwas zurückhaltenderen Rolle als VR-Delegierter Sport erhalten. Als neues Mitglied des Verwaltungsrats übernimmt er die Gesamtverantwortung der strategischen und operativen Führung. Im Sommer 2021 war er auch als möglicher Nachfolger von Fredi Bobic in Frankfurt gehandelt worden.

»CAIO«

CAIO CÉSAR ALVES DOS SANTOS
2008/09

AUF EINEN BLICK

SPIELE/S/U/N/TORE/TD/PUNKTE:
13. Platz
34 | 8 | 9 | 17 | 39:60 | -21 | 33

TOPSPIELER DER MANNSCHAFT:
Oka Nikolov (Kicker-Note: 3,17)

BESTER TORSCHÜTZE:
Nikos Liberopoulos (9 Tore)

HÖCHSTER SIEG:
4:0 gegen Hannover 96 und den VfL Bochum

HÖCHSTE NIEDERLAGE:
0:5 bei SV Werder Bremen

ZUSCHAUERSCHNITT:
47.000

BESONDERES:
Nie zuvor seit der Einführung des dritten Absteigers 1974 schaffte ein Team mit weniger als 34 Punkten (gerechnet nach der Dreipunkteregel) den Klassenerhalt. Diesmal erreichen dies gleich drei Vereine: Frankfurt, Bochum und Mönchengladbach.

SAISONRÜCKBLICK

Nachdem in der Schlussphase der Bundesliga-Saison 2008/09 aufgrund der wirklich grottenschlechten Rückrunde von den Rängen die Entlassung gefordert wird, bittet Friedhelm Funkel vor dem letzten Saisonspiel die Vereinsführung um eine vorzeitige Beendigung seines eigentlich bis zum 30. Juni 2010 befristeten Vertrags. Zu diesem Zeitpunkt ist der Klassenerhalt allerdings bereits gesichert. Der Verein entspricht der Bitte und verpflichtet Michael Skibbe.

Im DFB-Pokal kommt das Ende nach einem erwarteten Auftaktsieg beim SC Pfullendorf (3:0) erneut schon in Runde 2. Gegen Hansa Rostock setzt es nach 120 Minuten eine 1:2-Niederlage.

Meister wird der VfL Wolfsburg unter Felix Magath vor dem FC Bayern München und dem VfB Stuttgart. Absteigen müssen der Karlsruher SC, Arminia Bielefeld und Energie Cottbus, das in der Relegation am 1. FC Nürnberg scheitert.

CAIO CÉSAR ALVES DOS SANTOS
(* 29. Mai 1986 in Mirandópolis, São Paulo)

»Salat für Caio, Schnitzel für uns – wir sind alle Frankfurter Jungs!«

Fan-Gesang nach dem missglückten Laktat-Test

DER BESONDERE MOMENT

Nicht viele Spieler haben zumindest bis zu seiner Verpflichtung in Frankfurt so polarisiert wie der Brasilianer Caio. Immerhin legen die Verantwortlichen so viel Geld wie bis dahin für keinen anderen Spieler auf den Tisch: 3,8 Millionen Euro. Aber er zahlt nur selten wie am 3. April 2010 zurück.

Da spielt die Eintracht gegen Bayer Leverkusen und Caio haut den Ball in der 62. Minute aus 35,1 Metern Nationalkeeper René Adler zum 2:2-Ausgleich unter die Latte. Am Ende siegt die Eintracht 3:2.

Caio César Alves dos Santos erlebte seine ersten 21 Lebensjahre fußballerisch bei Grêmio Barueri aus dem Großraum São Paulo, dem Guarani FC, in Porto Alegre beim SC Internacional und beim Erstligisten SE Palmeiras. Im Januar 2008 wurde er an Eintracht Frankfurt verkauft. Dort unterzeichnete er einen Vertrag bis zum 30. Juni 2012 ohne Ausstiegsklauseln. Doch die Anfänge des Hochgelobten waren holprig. Während der ebenfalls für stolze 3,5 Millionen Euro eingekaufte tschechische Stürmer Martin Fenin gleich im ersten Saisonspiel bei der Hertha einen Dreierpack ablieferte, saß Caio auf der Bank. Sein Bun-

desligadebüt gab er am 16. Februar 2008, als er gegen Hansa Rostock in der 83. Spielminute eingewechselt wurde. Ebenso schwierig verlief der Start in Caios zweite Saison. Er musste mit sichtbarem Übergewicht die Leistungstests zur Ermittlung der Laktat- und Fitnesswerte zu früh abbrechen. Und er sollte das Sorgenkind bleiben. Wobei es durchaus Eintracht-Verantwortliche gab, die dem Verein eine Mitschuld an Caios Problemen bei der Eingewöhnung in Deutschland gaben. Man hätte sich mehr um die Eingewöhnung des Spielers kümmern sollen.

Caio spielte 88 Mal für die Eintracht und schoss dabei 8 Tore.

Im Januar 2011 war die Geduld schließlich am Ende. Caio sollte zum FK Dynamo Moskau wechseln. Da jedoch bei der sportmedizinischen Untersuchung ein Knorpelschaden in Caios linkem Knie festgestellt wurde, platzte der Transfer.

Auch ein Wechsel zum Figueirense FC in Brasilien scheiterte an der sportmedizinischen Untersuchung. Am 2. August 2012 unterschrieb er schließlich beim Club EC Bahia aus Salvador da Bahia, wechselte dann zu Atlético Goianiense und kam 2013 nach Europa zurück. Beim Grasshopper Club Zürich spielte er bis 2016 verletzungsfrei und mauserte sich zum Schlüsselspieler und Publikumsliebling.

NACHSPIELZEIT

Schon wenige Wochen nach seinem Wechsel nach Frankfurt sorgte Caio für Schlagzeilen, weil er in seiner Wohnung, die nach deutschen Vorstellungen maximal für zwei Personen ausgelegt war, mit seiner gesamten Familie mit insgesamt sechs Personen wohnte.

»SEBI«

SEBASTIAN JUNG
2009/10

SAISONRÜCKBLICK

Die Eintracht verstärkt sich zu Saisonbeginn unter anderem mit Franz, Heller, Fährmann, Tosun und vor allem Pirmin Schwegler und Halil Altintop. Aus der eigenen Jugend stößt außerdem Sebastian Jung zum Team, das sich unter dem neuen Coach Michael Skibbe auf Rang 10 verbessert. Klingt nicht viel. Ist es aber doch, denn die Mannschaft holt 46 Punkte, 13 mehr als in der Vorsaison.

Im DFB-Pokal heißt der Gegner in der ersten Runde einmal mehr Kickers Offenbach. Und einmal mehr setzt sich die Eintracht auf dem Bie-

AUF EINEN BLICK

SPIELE/S/U/N/TORE/TD/PUNKTE:
10. Platz
34 | 12 | 10 | 12 | 47:54 | -7 | 46

TOPSPIELER DER MANNSCHAFT:
Oka Nikolov (Kicker-Note: 3,18)

BESTER TORSCHÜTZE:
Alexander Meier (10 Tore)

HÖCHSTER SIEG:
3:1 bei Hertha BSC

HÖCHSTE NIEDERLAGE:
0:4 bei Bayer 04 Leverkusen

ZUSCHAUERSCHNITT: 47.206

BESONDERES:
Mit Bayern-Coach Louis van Gaal holte zum ersten Mal ein niederländischer Trainer den Meistertitel in der Bundesliga.

»So wie ich früher als kleiner Junge ins Stadion gegangen bin, schaue ich mir nun die Spiele als Fan im TV an!«

Sebastian Jung

berer Berg mit 3:0 durch. Gleiches gelingt ihnen auch in der zweiten Hauptrunde beim 6:4 gegen Alemannia Aachen. Doch im Viertelfinale ist beim 0:4 vor eigenem Publikum gegen den FC Bayern München Endstation.

Meister wird der FC Bayern München vor Schalke 04 und Werder Bremen. Absteigen müssen der VfL Bochum und Hertha BSC. Der 1. FC Nürnberg kann sich in der Relegation gegen den FC Augsburg behaupten.

SEBASTIAN ALEXANDER JUNG

(* 22. Juni 1990 in Königstein im Taunus)

DER BESONDERE MOMENT

Für Sebastian Jung selbst waren die internationalen Spiele mit der

Eintracht ein absolutes Highlight. »Wir hatten uns ja direkt nach dem Wiederaufstieg für die Europa League qualifiziert und sind auf einer Euphoriewelle gesurft, getragen vor allem von den Fans, die jedes Auswärtsspiel gefühlt zu einem Heimspiel gemacht haben. Schade, dass diese Reise dann durch das unglaublich knappe Ausscheiden gegen Porto vorbei war.«

Sebastian Jung spielte bis zu seinem achten Lebensjahr beim 1. FC Königstein. Dort entdeckten ihn die Talentsichter der Eintracht und holten ihn zum Riederwald. Er durchlief bis 2009 die Jugendmannschaften der Eintracht und durfte am 8. März 2009 mit 18 Jahren erstmals Bundesligaluft schnuppern. Sein erstes Tor schoss der schnelle Außenverteidiger am 7. Februar 2010 gegen Borussia Dortmund zum 2:2-Ausgleich. In der darauffolgenden Saison wurde Jung Stammspieler, wechselte dann im Sommer 2014 nach Wolfsburg.

Mit mäßigem Erfolg: Beim VfL kam der gelernte Bäcker aufgrund vieler Verletzungen in fünf Jahren gerade mal auf 40 Bundesligaeinsätze, wurde aber immerhin in seiner ersten Saison Vizemeister und Pokalsieger. Er schloss sich zur Saison 2019/20 Absteiger Hannover 96 an und wechselte schließlich zur Saison 2020/21 zum Karlsruher SC.

Für die Eintracht hat er in 148 Bundesligapartien 4 Tore erzielt. Außerdem stand er in 10 DFB-Pokalspielen und 6 Europapokalspielen auf dem Platz.

Jung absolvierte vier Spiele für die deutsche U18-Nationalmannschaft, neun Spiele für die deutsche U20-Nationalmannschaft und 19 Spiele für die deutsche U21-Nationalmannschaft. Durch seinen Einsatz im Testländerspiel der A-Nationalmannschaft gegen Polen am 13. Mai 2014 war er der erste deutsche Nationalspieler der Eintracht seit 1999, als Horst Heldt letztmals für Deutschland spielte.

NACHSPIELZEIT

Gute Nachrichten für Sebastian Jung im Sommer 2022: Der Karlsruher SC setzt wie angekündigt auch in der kommenden Saison auf den Königsteiner. Der Zweitligist hat den Vertrag mit dem Rechtsverteidiger trotz seiner schier endlosen Verletzungsgeschichte um ein weiteres Jahr bis Sommer 2023 verlängert.

»DER SCHWEIGSAME«

PIRMIN SCHWEGLER
2010/11

AUF EINEN BLICK

SPIELE/S/U/N/TORE/TD/PUNKTE:
17. Platz
34 | 9 | 7 | 18 | 31:49 | -18 | 34

TOPSPIELER DER MANNSCHAFT:
Oka Nikolov (Kicker-Note: 3,30)

BESTER TORSCHÜTZE:
Theofanis Gekas (10 Tore)

HÖCHSTER SIEG:
4:0 bei Borussia Mönchengladbach

HÖCHSTE NIEDERLAGE:
0:4 gegen die TSG 1899 Hoffenheim

ZUSCHAUERSCHNITT: 47.365

BESONDERES:
Marcel Titsch-Riverro fliegt im letzten Saisonspiel bei Borussia Dortmund nur 44 Sekunden nach seiner Einwechslung vom Platz.

SAISONRÜCKBLICK

18. Dezember 2010, 17. Spieltag: Eintracht siegt gegen den späteren Meister Borussia Dortmund 1:0 und überwintert auf dem 7. Tabellenplatz. Alles in Butter. Könnte man meinen. Aber danach folgt ein völlig unerwarteter Sturzflug der Mannschaft ins Bodenlose, der erst in der 2. Bundesliga endet. Daran kann auch Christoph Daum, der am 23. März von Michael Skibbe den Trainerjob übernimmt, nichts ändern. Unter dem neuen Coach bleibt die Mannschaft in den sieben verbleibenden Spielen hintereinander sieglos.

Im DFB-Pokal ist zwei Tage vor Weihnachten beim 4:6 nach Elfmeterschießen bei Alemannia Aachen Schluss. Ende Oktober hatte man noch den Hamburger SV in der zweiten Runde mit 5:2 nach Hause geschickt.

Meister wird Borussia Dortmund vor Bayer 04 Leverkusen und dem FC Bayern München. Absteigen muss neben der Eintracht der FC St. Pauli. Borussia Mönchengladbach rettet sich über die Relegation gegen den VfL Bochum.

PIRMIN SCHWEGLER
(* 9. März 1987 in Ettiswil)

DER BESONDERE MOMENT

Es hat doch ein bisschen länger gedauert als erhofft, dafür aber ist Pirmin Schweglers erstes Tor nach zwei Jahren Durststrecke ein Prachtexemplar und wird prompt bei bundesliga.de zum Tor des

Spieltags gekürt. Pikant am Rande: Ausgerechnet bei seinem späteren Arbeitgeber in Hoffenheim zimmert der Schweizer das Leder in der 43. Minute sehenswert zum 2:0 für die Eintracht in den Winkel und lässt dabei Tim Wiese im TSG-Kasten keine Chance.

Pirmin Schwegler erkrankte im Alter von 18 Monaten an Leukämie und galt erst ab 2003 als geheilt. In seiner Jugend spielte er für den FC Grosswangen und in der Saison 2002/03 für den FC Luzern, wo er von 2003 bis 2005 auch seine ersten Schritte als Profi unternahm. Für die Saison 2005/06 wurde er an den BSC Young Boys ausgeliehen. Dann lockte Leverkusen den talentierten Mittelfeldmann von 2006 bis 2010 an den Rhein. Sein Bundesliga-Debüt gab Schwegler am 17. September 2006 bei der 1:3

»Nicht viel reden, sondern weiter hart arbeiten!«

Pirmin Schwegler

Saison 2011/12 wurde Schwegler von Trainer Armin Veh zum Mannschaftskapitän ernannt. Zur Saison 2014/15 wechselte Schwegler zur TSG 1899 Hoffenheim und ging im Sommer 2017 ablösefrei nach Hannover. Nach dem Abstieg der 96er wechselte der Schweizer in die australische A-League zu den Western Sydney Wanderers, wo er im September 2020 seine aktive Karriere beendete.

Für die Eintracht spielte Schwegler 128 Mal und erzielte dabei 6 Tore. In der höchsten deutschen Spielklasse absolvierte Schwegler 262 Spiele und schoss dabei sieben Tore. Für die Schweizer Nationalmannschaft kam er zu 14 Spielen.

Auswärtsniederlage in Frankfurt.

Zur Saison 2009/10 folgte der Wechsel zur Eintracht, bei der er am 2. August 2009 beim DFB-Pokalspiel gegen die Offenbacher Kickers in seinem ersten Einsatz bereits ein Tor erzielte. In der

NACHSPIELZEIT

Im November 2020 wurde Pirmin Schwegler Scout bei Bayern München und im Sommer 2021 übernahm er dort das Amt des Chefscouts. Er beerbte den Sohn des ehemaligen Eintracht-Aufsichtsratschefs Jürgen Neppe, Marco Neppe, der wiederum zum Technischen Direktor aufgestiegen ist.

»FUSSBALLGOTT II.«

ALEXANDER MEIER

2011/12

2. FUSSBALL BUNDESLIGA

SAISONRÜCKBLICK

Nach dem völlig unerwarteten Abstieg muss sich die Eintracht einmal mehr neu aufstellen. Armin Veh folgt Christoph Daum auf den Trainerstuhl. Bruno Hübner, der als Sportdirektor vom MSV Duisburg geholt wird, sucht sein Heil auch darin, Spieler wie Hoffer, Anderson oder Friend inklusive einer Kaufoption auszuleihen. Mit Erfolg. Außerdem kommen Spieler wie Matmour, Idrissou, der 14 Tore erzielt, oder Djakpa. Am Ende sichert sich das Team auf Platz 2 mit nur einer Heimniederlage den direkten Wiederaufstieg.

Im DFB-Pokal siegt die Eintracht in der ersten Runde beim Hallescher SC mit 2:0, in der zweiten Runde aber kommt das frühe Aus durch ein 0:1 gegen den 1. FC Kaiserslautern vor eigenem Publikum.

Die Deutsche Meisterschaft verteidigt Borussia Dortmund vor dem FC Bayern München und Schalke 04. Absteigen müssen der 1. FC Köln, der 1. FC Kaiserslautern und Hertha BSC, die in der Relegation an Fortuna Düsseldorf scheitern.

ALEXANDER »ALEX« MEIER

(* 17. Januar 1983 in Buchholz in der Nordheide)

AUF EINEN BLICK

SPIELE/S/U/N/TORE/TD/PUNKTE:
2. Platz
34 | 20 | 8 | 6 | 76:33 | 43 | 68

TOPSPIELER DER MANNSCHAFT:
Alexander Meier (Kicker-Note: 2,89)

BESTER TORSCHÜTZE:
Alexander Meier (17 Tore)

HÖCHSTER SIEG:
6:1 gegen den FSV Frankfurt

HÖCHSTE NIEDERLAGE:
2:4 beim SC Paderborn 07

ZUSCHAUERSCHNITT: 37.335

BESONDERES:
Erstmals seit der Saison 1961/62 kommt es in dieser Saison wieder zu einem Frankfurter Stadtderby zwischen Eintracht Frankfurt und dem FSV Frankfurt. Eintracht gewinnt beide Spiele (4:0 und 6:1).

»Ich spiele vielleicht ein bisschen besser Fußball als die Jungs, die in der Landesliga unterwegs sind. Aber deshalb bin ich doch nichts Besseres!«

Alex Meier

DER BESONDERE MOMENT

Während seiner aktiven Zeit bei der Eintracht hat Alex Meier, auch wenn die Fans den Fußballgott zu Beginn seiner Karriere eher kritisch beäugten und beim Abstieg neben Köhler zum Sündenbock erklärten, eine Menge besonderer Momente. Dann schreibt der Fußballgott Geschichte auf seine eigene Art. Niko Kovač schickt den Fußballgott in der 87. Minute des letzten Heimspiels der Eintracht am 5. Mai 2018 gegen den HSV für Haller auf den Platz. Es steht 2:0 und Meier, der verletzungsbedingt noch kein Spiel in dieser Saison absolviert hat, soll »nur« einen würdigen Abschied bekommen. Vier Minuten später flankt Abraham von rechts in den HSV-Strafraum und Meier vollendet per Volleyschuss mit der Seite. Mehr göttliche Inszenierung geht nicht.

Alexander Meier spielte in seiner Jugend bei mehreren Vereinen in der Umgebung Hamburgs. Mit zwölf Jahren wechselte er in die Jugendabteilung des Hamburger SV und mit 18 schaffte er den Sprung in den Profi-Kader. Allerdings nur, um sofort zum Lokalrivalen St. Pauli ausgeliehen zu werden. Nach der Rückkehr zum HSV 2003 schaffte er den Durchbruch wieder nicht und wurde erneut ausgeliehen. Nach Frankfurt. Ein Glücksgriff für beide Seiten.

In der Aufstiegssaison 2004/05 stand er in allen Begegnungen auf dem Platz, schoss 9 Tore und wurde folgerichtig von der Eintracht für 500.000 Euro gekauft.

Alex Meier ist mit der Eintracht zwei Mal in die Bundesliga aufgestiegen und hat drei Mal das Finale des DFB-Pokals erreicht. Der DFB-Pokalsieg 2018 war sein größter sportlicher Erfolg, auch wenn er im Finale gegen die Bayern nicht zum Einsatz kam. Außerdem wurde Meier 2015 mit 19 Toren in nur 26 Spielen Torschützenkönig der Bundesliga sowie 2012 in der 2. Bundesliga. Insgesamt schoss der Fußballgott in 336 Spielen für die Eintracht 119 Tore. Allein in 270 Bundesligaspielen traf er 93 Mal und steht damit hinter Hölzenbein, Nickel und Grabowski auf Platz 4 des Vereinsrankings. Vor der Saison 2015/16 wurde Meier zum Mannschaftskapitän ernannt.

Meier kehrte nach seiner Zeit bei der Eintracht noch einmal für kurze Zeit nach St. Pauli zurück und ließ seine Karriere schließlich in Australien bei den Western Sydney Wanderers 2020 ausklingen.

Er spielte darüber hinaus sieben Mal in der deutschen U20-Nationalmannschaft, zwei Mal im Team 2006, einer vom DFB gebildeten Perspektivmannschaft, und zwei Mal in der U21-Auswahl, mit der er an der U21-Europameisterschaft 2006 in Portugal teilnahm. Er ist zusammen mit Lothar Kobluhn (1971) und Fritz Walter (1992) einer von nur drei deutschen Torschützenkönigen der Bundesliga, die nie in die A-Nationalmannschaft berufen wurden.

Zur Saison 2020/21 begann er in der Nachwuchsabteilung von Eintracht Frankfurt eine Trainerkarriere. 2021 wurde er zudem Markenbotschafter der Eintracht.

NACHSPIELZEIT

Der Hessische Rundfunk hat Alex Meier eine sehenswerte Doku gewidmet. Sie zeigt den Aufstieg vom kritisierten Talent zum Fußballgott bei der Eintracht. Für diesen Film hat Autor Oliver Mayer mit zahlreichen Weggefährten von Alex Meier gesprochen. Unter anderem äußern sich Heribert Bruchhagen, Friedhelm Funkel, Armin Veh, Timothy Chandler oder Armin Reutershahn über den Fußballgott. Auch die Fans kommen zu Worte, etwa FUSSBALL2000-Podcaster Marvin Mendel.

»DER KÄMPFER«

MARCO RUSS
2012/13

AUF EINEN BLICK

SPIELE/S/U/N/TORE/TD/PUNKTE:
6. Platz
34 | 14 | 9 | 11 | 49:46 | 3 | 51

TOPSPIELER DER MANNSCHAFT:
Kevin Trapp (Kicker-Note: 2,40)

BESTER TORSCHÜTZE:
Alexander Meier (18 Tore)

HÖCHSTER SIEG:
4:0 bei der TSG 1899 Hoffenheim

HÖCHSTE NIEDERLAGE:
0:4 bei Fortuna Düsseldorf

ZUSCHAUERSCHNITT: 48.126

BESONDERES:
Mit dem 1:0-Sieg in Frankfurt sichert sich der FC Bayern München am 28. Spieltag den schnellsten Titelgewinn der inzwischen 50-jährigen Bundesligageschichte.

SAISONRÜCKBLICK

Die Fans reiben sich ungläubig die Augen: Die Eintracht startet mit fünf Siegen und einem Unentschieden in die Saison und steht am 6. Spieltag mit 16 Punkten zwei Punkte hinter den Bayern, aber fünf Punkte vor den weiteren Verfolgern auf Platz 2 der Liga. Als Neuling! Bis zur Winterpause sind die Bayern zwar deutlich weggezogen, aber die Adler liefern sich weiter ein Kopf-an-Kopf-Rennen mit Leverkusen und Dortmund dahinter.

Die von Armin Veh auch mit diversen Teambildungs-Maßnahmen anvisierte Eingliederung der Neuen um Trapp, Oczipka, Zambrano, Aigner, Lanig oder auch Inui und Océan zahlt sich sehr schnell aus und wird am Ende mit Platz 6, punktgleich mit dem SC Freiburg auf Platz 5, belohnt.

Im DFB-Pokal sorgt hingegen das 0:3 in Runde 1 bei Erzgebirge Aue für ein schnelles Aus.

Meister wird der FC Bayern München mit 25 Punkten Vorsprung vor Borussia Dortmund und Bayer 04 Leverkusen. Absteigen müssen Fortuna Düsseldorf und die SpVgg Greuther Fürth. Die TSG 1899 Hoffenheim rettet sich in der Relegation gegen den 1. FC Kaiserslautern.

MARCO RUSS
(* 4. August 1985 in Hanau)

DER BESONDERE MOMENT

So viel steht fest: Kein Zuschauer, der am 19. Mai 2016 beim Relegationshinspiel der Eintracht gegen den 1. FC Nürnberg dabei war, wird

die Szene vergessen, in der Marco Russ lange nach dem Abpfiff – Endstand 1:1 – mit seinen beiden Kindern an der Hand noch einmal auf den Rasen kommt, um sich bei den Fans zu verabschieden. Ein Eigentor hat er in diesem so wichtigen Spiel geschossen. Und sich seine zehnte Gelbe Karte und damit die Sperre fürs Rückspiel eingehandelt. Trotzdem hört die Fankurve nicht damit auf, unentwegt zu brüllen: »Kämpfen, Marco, kämpfen!« Alle wissen: Er wird vier Tage später auf dem OP-Tisch liegen und den Kampf gegen Hodenkrebs aufnehmen.

Marco Russ ist im Hanauer Stadtteil Großauheim aufgewachsen und hat bei seinem Heimatverein VfB 06 Großauheim mit gerade mal vier Jahren zum ersten Mal gegen den Ball getreten. Dort blieb er bis zur D-Jugend, dann folgte der Ruf der Eintracht. Von 1996 an durchlief er die Jugendabteilungen am Riederwald, in der Saison 2004/05 durfte er drei Mal in der 2. Liga auflaufen und am Ende den Aufstieg feiern. Nach einem eher holprigen Start spielte sich der 1,90 Meter große Verteidiger zum Ende der Saison 2005/06 in der Innenverteidigung der Eintracht fest und erreichte mit der Mannschaft das DFB-Pokal-Endspiel gegen den FC Bayern München (0:1).

In der Saison 2010/11 folgte einmal mehr das typische Eintracht-Wechselbad mit dem völlig überraschenden Abstieg aus der 1. Liga. Russ absolvierte noch ein Spiel in der 2. Bundesliga für die Eintracht, wechselte dann im Juli 2011 zum VfL Wolfsburg, kehrte jedoch in der Winterpause der Spielzeit 2012/13 zunächst auf Leihbasis bis zum Saisonende zurück. Im Juni 2013 unterschrieb er einen neuen Dreijahresvertrag bei der Eintracht und etablierte sich unter Armin Veh wieder als Stammspieler in der Innenverteidigung.

»Die Eintracht ist nach meiner Familie das Größte!«

Marco Russ

Comeback. Auch sein zweites DFB-Pokal-Finale – am 27. Mai 2017 gegen Borussia Dortmund – ging verloren (1:2), doch für Marco Russ bewahrheitete sich ein Jahr später die Weisheit, dass aller guten Dinge drei sind. Am 19. Mai 2018 holte Russ, der zuvor in allen Pokalspielen der Runde von Beginn an auf dem Platz gestanden hatte, mit der Eintracht 30 Jahre nach dem letzten Gewinn gegen Bochum den DFB-Pokal mit 3:1 gegen den FC Bayern München.

Nachdem sich Russ zu Beginn der Spielzeit 2019/20 im EL-Qualifikationsspiel gegen den FC Vaduz einen Achillessehnenriss zugezogen hatte, kam er zu keinem weiteren Pflichtspieleinsatz und beendete seine aktive Karriere.

Am 30. April 2016 wurde er nach dem Spiel gegen den SV Darmstadt 98 positiv auf das Hormon hCG getestet. Er war allerdings nicht gedopt, sondern der Wert war einem Tumor geschuldet. Es wurde Hodenkrebs diagnostiziert und Russ wurde am 23. Mai 2016 operiert. Knapp ein Jahr später feierte er beim 1:0-Sieg im Viertelfinalspiel des DFB-Pokals gegen Arminia Bielefeld am 28. Februar 2017 sein

NACHSPIELZEIT

Im November 2020 mahnte Marco Russ in der VOX-Sendung »Showtime of my Life – Stars gegen Krebs« zusammen mit anderen die Dringlichkeit der Krebsvorsorge an, und am 1. Oktober 2021 veröffentlichte er seine Biografie, die den Titel »Kämpfen. Siegen. Leben. Ein Leben für den Fußball und gegen den Krebs« trägt.

»TRAPPO«

KEVIN TRAPP
2013/14

SAISONRÜCKBLICK

Durch die vor allem im ersten Teil aufgrund der Doppelbelastung schwierige Saison mogelt sich die Eintracht mit 16 Punkteteilungen sowie jeweils neun Siegen und Niederlagen durch, und auch im DFB-Pokal kann das Team keine Bäume ausreißen. Im Viertelfinale ist zu Hause gegen Dortmund beim 0:1 Schluss. Da helfen auch die Erstrundensiege gegen Illertissen, Bochum und Sandhausen nicht. In der Europa League allerdings feiern die Adler nach sieben Jahren eine eindrucksvolle Rückkehr. Als Gruppensieger mit nur einer Niederlage und fünf Siegen überwintern sie in der Europa League und erst im

> »Es gibt nicht einen Helden. Wir sind alle die Helden. Schau dir das an! Mit 0:1 hinten und dann weiter gemacht – und dann holen wir uns das im Elfmeterschießen.«
>
> *Kevin Trapp nach dem Europa-League-Erfolg*

KEVIN TRAPP
(* 8. Juli 1990 in Merzig)

DER BESONDERE MOMENT

»Dieser Verein ist etwas ganz Besonderes, und ich werde euch alle vermissen. Ich hoffe, dass wir uns irgendwann wiedersehen.« Mit diesen Worten verabschiedet sich Kevin Trapp 2015 in Richung PSG von den Eintracht-Fans und ebnet damit den Weg für die gefeierte Rückkehr drei Jahre später.

Sechzehntelfinale folgt das bittere Aus: Nach dem 2:2 in Portugal trotzt Porto der Eintracht im Waldstadion ein 3:3 ab und zieht aufgrund der Auswärtstorregel in die nächste Runde ein.

Meister wird der FC Bayern München vor Borussia Dortmund und Schalke 04. Den Gang in die 2. Liga müssen der 1. FC Nürnberg und Eintracht Braunschweig antreten. Der HSV rettet sich in der Relegation gegen Greuther Fürth nach zwei Unentschieden über die Auswärtstorregel.

AUF EINEN BLICK

SPIELE/S/U/N/TORE/TD/PUNKTE:
13. Platz
34 | 9 | 9 | 16 | 40:57 | -17 | 36

TOPSPIELER DER MANNSCHAFT:
Kevin Trapp (Kicker-Note: 2,93)

BESTER TORSCHÜTZE:
Joselu (9 Tore)

HÖCHSTER SIEG:
5:2 beim 1. FC Nürnberg

HÖCHSTE NIEDERLAGE:
1:6 bei Hertha BSC

ZUSCHAUERSCHNITT: 47.088

BESONDERES:
Der 1. FC Nürnberg gewinnt als erste Mannschaft der Bundesligageschichte in der Hinrunde kein Spiel. Die Folge: Das Trainerduo Michael Wiesinger und Armin Reutershahn wird entlassen.

Kevin Trapp wurde am Tag des WM-Finales 1990 in Italien geboren. Er begann beim FC Brotdorf, beim SSV Bachem und beim SV Mettlach Fußball zu spielen, ehe er aus dem Saarland nach Rheinland-Pfalz zum 1. FC Kaiserslautern wechselte. Dort ging er wie unter anderem Roman Weidenfeller oder Tim Wiese durch die Torwartschule von Gerry Ehrmann. Er feierte am 12. März 2011 sein Bundesliga-Debüt für die roten Teufel, mit denen er jedoch am Ende der Saison 2011/12 abstieg und im Sommer 2012 zur Eintracht wechselte.

In seiner ersten Saison verdrängte er Oka Nikolov, in der Saison 2014/15 wurde er vom neuen Trainer Thomas Schaaf zum Mannschaftskapitän ernannt. Wieder ein Jahr später nahm Trappo die sich ihm bietende Chance wahr und wechselte zum französischen Erstligisten Paris Saint-Germain. Bevor er dort in der Saison 2016/17 seinen Stammplatz verlor, wurde er mit PSG französischer Meister, Pokalsieger, Ligapokal- und Supercupsieger.

Am 31. August 2018 kehrte der Publikumsliebling auf Leihbasis zur Eintracht zurück und wurde ein Jahr später fest verpflichtet. Am Ende des Europa League Finales 2022 wurde er als Spieler des Spiels ausgezeichnet und von der UEFA ins Team der Saison dieses Wettbewerbs aufgenommen. Der Kicker stufte ihn Ende Mai 2022 mit dem Prädikat Internationale Klasse als besten Bundesliga-Torwart ein.

Im Eintracht-Tor hat Trapp bisher 202 Mal gestanden.

Anfang November 2015 wurde er von Bundestrainer Joachim Löw erstmals in das Aufgebot der A-Nationalmannschaft berufen. Für die Weltmeisterschaft 2018 in Russland wurde er als dritter Torhüter in den Kader berufen, blieb aber ohne Einsatz. Er gehörte auch zum Kader für die Europameisterschaft 2021.

NACHSPIELZEIT

Mit seinem gehaltenen Elfmeter im Finale gegen Aaron Ramsey hat Kevin Trapp seinen ganz persönlichen Anteil am Euro League Coup der Eintracht. Vergessen wird er diesen Moment nicht. Ein Blick auf den eigenen Unterarm genügt: Dort hat er sich das Datum 18. Mai 2022 mitsamt Pokal eintätowieren lassen.

»DER ALTE MANN«

MAKOTO HASEBE 2014/15

AUF EINEN BLICK

SPIELE/S/U/N/TORE/TD/PUNKTE:
9. Platz
34 | 11 | 10 | 13 | 56:62 | -6 | 43

TOPSPIELER DER MANNSCHAFT:
Kevin Trapp (Kicker-Note: 2,80)

BESTER TORSCHÜTZE:
Alexander Meier (19 Tore)

HÖCHSTER SIEG:
5:2 gegen Werder Bremen

HÖCHSTE NIEDERLAGE:
0:4 beim FC Bayern München

ZUSCHAUERSCHNITT: 47.618

BESONDERES:
Im Oktober 2014 feierte Eintracht-Trainer Thomas Schaaf ein besonderes Jubiläum. Sein 750. Bundesligaspiel als Spieler und Trainer.

SAISONRÜCKBLICK

Mit Schwegler, Rode und Jung müssen gleich drei Eintracht-Schwergewichte ersetzt werden. Gelingen soll dies mit Neuzugängen wie Chandler, Hasebe, Severović, Piazón oder Medojević. Die Eintracht überrascht mit dem vom neuen Trainer gewünschten schnellen Umschaltspiel. Platz 9 steht am Ende zu Buche, doch die Zeit von Thomas Schaaf bei der Eintracht geht ein Jahr früher als festgeschrieben zu Ende. Schaaf wirft hin, weil ihm die Rückendeckung aus dem Aufsichtsrat fehlt.

Im DFB-Pokal folgte dem erfolgreichen Auftakt in der ersten Hauptrunde beim 2:0 bei FC Viktoria 1889 Berlin das Aus in Runde 2 beim 1:2 gegen Borussia Mönchengladbach.

Meister wird der FC Bayern München vor dem VfL Wolfsburg und Borussia Mönchengladbach. Absteigen müssen der SC Freiburg und der SC Paderborn 07. Der Hamburger SV rettet sich erneut in der Relegation gegen den Karlsruher SC.

MAKOTO HASEBE
(* 18. Januar 1984 in Fujieda)

DER BESONDERE MOMENT

18. Mai 2022: Europa League Finale in Sevilla. Viele erwarten nach dem Ausfall von Hinteregger Hasebe in der Abwehr, aber Oliver Glasner vertraut Tuta. Dann die 58. Minute. Tuta verletzt sich bei einer unglücklichen Aktion, Glasgow geht 1:0 in Führung. Hasebe muss ran und unterstreicht erneut seine ganz besondere Klasse. Am Ende

der Verlängerung hat der 38-Jährige 100 Prozent seiner Zweikämpfe gewonnen, mit drei Tacklings in höchster Not gerettet und 90 Prozent seiner Pässe an den Mann gebracht. Dass er dann noch von Sebastian Rode die Kapitänsbinde übernimmt, krönt diesen Abend.

Makoto Hasebe begann seine Profikarriere 2002 bei den Urawa Red Diamonds, mit denen er je ein Mal den nationalen Ligapokal und Supercup, zwei Mal den Kaiserpokal, 2006 die Japanische Meisterschaft und 2007 die AFC Champions League gewann. Der VfL Wolfsburg holte den 23-Jährigen 2008 nach Deutschland. Er blieb bis 2013 in Niedersachsen und wurde 2009 mit dem VfL Deutscher Meister. Nach einem Jahr (2013–2014) in Nürnberg, in dem er verletzungsbedingt nur 14 Spiele für den späteren Absteiger machen konnte, wechselte er zur Saison 2014/15 zur Eintracht und wurde sofort Stammspieler. Eintracht-Trainer Niko Kovač setzte den Mittelfeldmann Ende Oktober 2016 erstmals

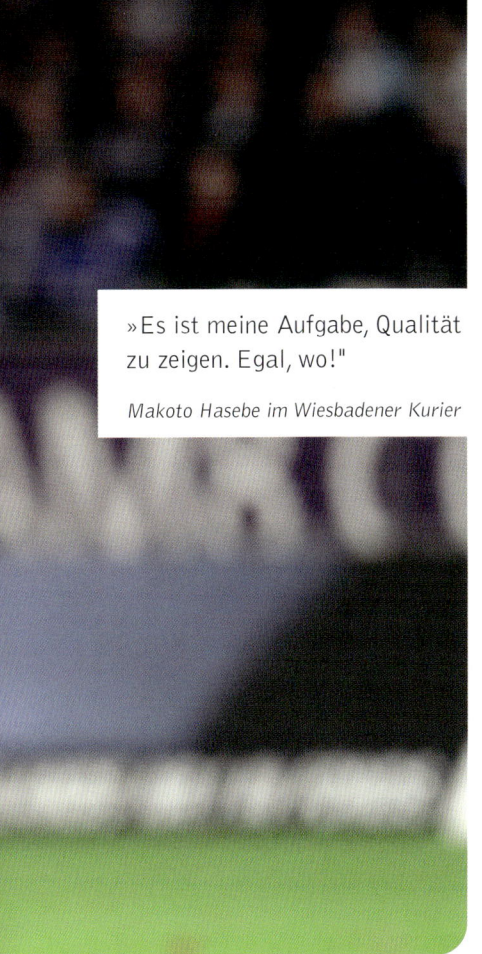

»Es ist meine Aufgabe, Qualität zu zeigen. Egal, wo!"

Makoto Hasebe im Wiesbadener Kurier

vid Abraham im Januar 2021 führte Hasebe die Eintracht bis zum Saisonende als Kapitän aufs Feld. In der folgenden Spielzeit war er Stellvertreter des neuen Kapitäns Sebastian Rode.

Hasebe schoss in 209 Spielen für die Eintracht 2 Tore. Sein Vertrag läuft bis 2023, anschließend soll er ins Trainerteam der Eintracht wechseln.

Hasebe war Kapitän der japanischen A-Nationalmannschaft, für die er 114 Mal zum Einsatz kam. 2018 wurde er von der Asian Football Confederation als »Asiens internationaler Fußballer des Jahres« gewählt.

auf der Position des Innenverteidigers als zentrales Glied einer Fünferkette ein. Der Libero 2.0 war geboren.

Aufgrund seiner starken Leistungen in der Saison wurde er vom Kicker-Sportmagazin sowohl im Winter 2018/19 als auch im Sommer 2019 mit dem Prädikat »Internationale Klasse« geadelt. Nach dem Abschied von Da-

NACHSPIELZEIT

Sein Buch »Die Ordnung der Seele – 56 Gewohnheiten, den Sieg zu erringen« ist bislang leider nur auf Japanisch erschienen. Im Land der aufgehenden Sonne war es ein Bestseller. Die Einnahmen in Höhe von rund 2 Millionen Euro spendete Hasebe 2013 für die Opfer von Fukushima.

»DIE SPINNE«

LUKÁŠ HRÁDECKÝ 2015/16

SAISONRÜCKBLICK

Mit Armin Veh kommt ein guter alter Bekannter zurück auf den Posten des Cheftrainers bei der Eintracht. Den Erfolg von früher hat er allerdings nicht im Gepäck. Im Gegenteil: Die Eintracht rutscht in arge Abstiegsnot und so greifen nach sieben sieglosen Spielen in Folge die Fußball-Automatismen einmal mehr: Am 8. März 2016 wird Nico Kovać Vehs Nachfolger. Er übernimmt die Mannschaft auf dem 16. Tabellenplatz und genau dort steht sie auch am Ende der Saison. Immerhin: Die Relegation bringt nach einem 1:1 zu Hause gegen den 1. FC Nürnberg das erlösende 1:0 im Rückspiel und den Klassenerhalt.

Im DFB-Pokal werden Erinnerungen an die Saison 2012/13 wach: Dem Erstrunden-Sieg beim Bremer SV (3:0) folgt ein 0:1 bei Erzgebirge Aue.

Meister wird der FC Bayern München vor Borussia Dortmund und Bayer 04 Leverkusen. Absteigen müssen Hannover 96 und der VfB Stuttgart.

LUKÁŠ HRÁDECKÝ

(* 24. November 1989 in Bratislava, Tschechoslowakei, heute Slowakei)

DER BESONDERE MOMENT

21. Januar 2017: Das Spiel der Eintracht bei RB Leipzig ist gerade einmal 131 Sekunden alt, da rutscht Eintracht-Keeper Hrádecký beim Herauslaufen aus, verliert

AUF EINEN BLICK

SPIELE/S/U/N/TORE/TD/PUNKTE:
16. Platz
34 | 9 | 9 | 16 | 34:52 | -18 | 36

TOPSPIELER DER MANNSCHAFT:
Lukáš Hrádecký (Kicker-Note: 2,91)

BESTER TORSCHÜTZE:
Alexander Meier (12 Tore)

HÖCHSTER SIEG:
6:2 gegen den 1.FC Köln

HÖCHSTE NIEDERLAGE:
1:5 gegen Borussia Mönchengladbach

ZUSCHAUERSCHNITT: 46.753

BESONDERES:
Zum ersten Mal nach 33 Jahren kommt es am 6. Dezember wieder zu einem echten Hessenderby. 1:0 gewinnt Darmstadt 98 in Frankfurt.

»Heute essen wir sicher keine glutenfreie Pasta. Heute trinken wir nur Bier.«

Lukáš Hrádecký nach zwei gehaltenen Elfmetern im Pokal-Halbfinale gegen Borussia Mönchengladbach 2017

den Halt und entscheidet, den auf ihn zurollenden Ball mit der Hand aufzunehmen. Fatal, weil außerhalb seines Strafraums. Die Folge: Rote Karte und der schnellste Platzverweis für einen Torwart in der Bundesligageschichte. Aber keine Schmähungen.

Der finnische Fußballtorwart slowakischer Herkunft begann 1996 mit sieben Jahren mit dem Fußballspielen in Turku bei Turun Palloseura. Allerdings nicht zwischen den Pfosten, sondern als Stürmer. Zehn Jahre später begann er – inzwischen als Torwart – in der finnischen Küstenstadt seine Profikarriere. Anfangs mit mäßigem Erfolg. Daran änderte zunächst auch der Wechsel in der Winterpause der Saison 2008/09 zum dänischen Erstligisten Esbjerg fB nichts. Erst in der Saison 2012/13 bestritt er alle 33 Ligaspiele im dänischen Oberhaus und wechselte schließlich zum Ligakonkurrenten Brøndby IF.

Längst hatte ihn die Eintracht auf dem Zettel und so wechselte Hrádecký zur Saison 2015/16 nach Frankfurt, wo er Kevin Trapp ersetzte. Mit Erfolg: Er bestritt alle 34 Begegnungen in der Bundesliga und beide Relegationsspiele. Auch in den Spielzeiten 2016/17 und 2017/18 war er Stammtorhüter und gewann im Mai 2018 mit der Eintracht den DFB-Pokal. Er spielte 101 Mal für die Eintracht, bevor er im Sommer 2018 ablösefrei zu Bayer 04 Leverkusen wechselte. Dort ist er seit dem Saisonstart 2021/22 Kapitän.

Sein Debüt in der finnischen A-Nationalmannschaft gab Hrádecký am 21. Mai 2010. Er hat bislang 74 Länderspiele absolviert.

NACHSPIELZEIT

Nicht zu 100 Prozent überprüfbar, aber eine wunderbare Anekdote ist der Bericht von Kevin-Prince Boateng über Hrádeckýs Leidenschaft, nach dem Spiel ein Bierchen zu trinken. O-Ton Boateng: »Nach dem Pokalfinale kam Niko Kovač in die Kabine, wollte eine Rede halten und sich bedanken. Hrádecký saß nur nervös da und hat gesagt: ›Trainer, kann ich jetzt endlich mein Bier trinken?!‹«

»DER CAPITANO«

DAVID ABRAHAM 2016/17

SAISONRÜCKBLICK

Wieder mal alles neu bei der Eintracht. Und das nicht nur auf dem Platz. Heribert Bruchhagen gibt das Zepter an Fredi Bobic weiter, Ben Manga wird als Chefscout verpflichtet und Armin Reutershagen kehrt als Co-Trainer zurück. Auf dem Rasen versucht die neue Führung die Abgänge von Aigner, Zambrano, Djakpa, Waldschmitt oder etwa Kittel mit internationalen Namen zu kompensieren. Mascarell, Vallejo, Hektor, Varela und Rebić werden geholt. Trotzdem: Die Bundesligasaison läuft für die Mannschaft und ihren Anhang unspektakulär. Platz 11 am Ende. Im Pokal jedoch liefern die Adler nach langer Pause mal wieder Außergewöhnliches ab. Über Siege beim 1. FC Magdeburg (5:4 n.E), gegen den FC Ingolstadt 04 (4:1 n.E.), bei Hannover 96 (2:1), gegen Arminia Bielefeld (1:0) und bei Borussia Mönchengladbach (7:6 n.E.) ziehen sie ins Finale gegen Borussia Dortmund ein, verkaufen sich ausgezeichnet, können sogar durch Ante Rebić die frühe Führung der Dortmunder ausgleichen und verlieren am Ende nur knapp mit 1:2.

Meister wird der FC Bayern München vor dem Neuling RB Leipzig und Borussia Dortmund. Absteigen müssen der FC Ingolstadt und der SV Darmstadt 98. Der VfL Wolfsburg rettet sich in der Relegation gegen Eintracht Braunschweig.

AUF EINEN BLICK

SPIELE/S/U/N/TORE/TD/PUNKTE:
11. Platz
34 | 11 | 9 | 14 | 36:43 | -7 | 42

TOPSPIELER DER MANNSCHAFT:
Lukáš Hrádecký (Kicker-Note: 2,91)

BESTER TORSCHÜTZE:
Marco Fabian (7 Tore)

HÖCHSTER SIEG:
3:0 gegen Mainz 05 und beim Hamburger SV

HÖCHSTE NIEDERLAGE:
0:3 beim FC Bayern München, RB Leipzig und Bayer 04 Leverkusen

ZUSCHAUERSCHNITT: 49.176

BESONDERES:
Die Eintracht muss zum Erreichen des DFB-Pokalfinales gegen Dortmund drei Mal ins Elfmeterschießen. Keeper Lukáš Hrádecký hält dabei sowohl in Magdeburg als auch in Gladbach jeweils zwei Strafstöße. Im dritten Elfmeterschießen gegen Ingolstadt reicht seine Anwesenheit. Die Ingolstädter treffen beim 1:4 nach Elfmeterschießen das Tor nur ein Mal.

DAVID ÁNGEL ABRAHAM
(* 15. Juli 1986 in Chabás, Santa Fe)

DER BESONDERE MOMENT

Niemand könnte diese emotionale Nähe zur Eintracht besser erklären als der Capitano selbst: »Im Januar 2013 war mein erstes Spiel in Deutschland mit Hoffenheim in Frankfurt. Ich schaute mir von der Ersatzbank aus die Fans und die Kulisse an – das war unglaublich, unfassbar. Das ganze Spiel lang machten sie Stimmung und pushten ihre Mannschaft nach vorne. Da dachte ich: Mensch, es wäre eine tolle Sache, eines Tages bei der Eintracht zu spielen«, sagte er dem Kicker-Sportmagazin im November 2020. Zweieinhalb Jahre später kam das Angebot.

David Abraham trat bei seinem Heimatverein Club Atlético Huracán Chabás in einem Stadtviertel von Buenos Aires erstmals gegen den Ball. Erst ab 2003 beim CA Independiente schlüpfte der Mittelfeldmann jedoch in die Rolle des Innenverteidigers. Sein Weg führte ihn über den spanischen Club Gimnàstic de Tarragona, den FC Basel, mit dem er drei Mal Schweizer Meister und zwei Mal Schweizer Cupsieger wurde, den FC Getafe (2012/13) schließlich zur TSG

»Eine lange Reise geht zu Ende. Ich bin froh, dass ich meine Karriere hier bei der Eintracht beenden durfte, wo ich so viel bekommen und so viel gegeben habe. Jetzt ist Zeit mit der Familie angesagt."

David Abraham nach seinem letzten Spiel für die Eintracht

Hoffenheim (22. Januar 2013/14). Zur Saison 2015/16 wechselte Abraham zur Eintracht und war unter Armin Veh sofort gesetzt.

Abraham überstand mit der Eintracht in seiner ersten Sasion die Relegation, erreichte mit der Eintracht die Pokalendspiele gegen Dortmund (1:2) und Bayern München (3:1) und war auch in der furiosen Europa League-

aufgelaufen war, von Adi Hütter zu Beginn der Spielzeit 2018/19 zum Kapitän ernannt.

Am 17. Januar 2021 bestritt Abraham beim 3:1-Heimsieg der Eintracht gegen den FC Schalke 04 sein letztes Profispiel und beendete anschließend seine Karriere, um mehr Zeit für seine in Argentinien lebende Familie, vor allem seinen fünfjährigen Sohn, zu haben.

Abraham gehörte zur argentinischen U20-Nationalmannschaft, die bei der Junioren-Weltmeisterschaft 2005 den Titel gewann.

Saison 2018/19 bis zum Halbfinale in London wichtiger Bestandteil der Mannschaft. Nicht umsonst wurde er, nachdem er aufgrund von Alex Meiers verletzungsbedingtem Fehlen schon häufig mit der Kapitänsbinde

NACHSPIELZEIT

Am 10. November 2019 sorgte Abraham im Spiel der Eintracht gegen den SC Freiburg für einen Eklat, als er in der Nachspielzeit der Partie Freiburgs Trainer Christian Streich an der Seitenlinie in Football-Manier über den Haufen rannte und dafür völlig zu Recht die Rote Karte sah.

Neben einer vereinsinternen Geldstrafe wurde der Argentinier vom DFB-Sportgericht für sechs Pflichtspiele gesperrt. Viel wichtiger aber war die Reaktion von Christian Streich: »Es ging heiß her, und dann dreht er halt ab, der David. Aber er ist kein böser Mensch, er ist ein netter Kerl«, sorgte der dafür, dass die Emotionen schnell herunterkochten.

»DIE MASCHINE«

ANTE REBIĆ
2017/18

SAISONRÜCKBLICK

Zu Meister Bayern München fehlen am Ende der Saison 2017/18 satte 35 Punkte, doch die Eintracht versteht es vortrefflich, diese Distanz an nur einem lauen Sommerabend in Berlin zu pulverisieren. Was es dazu braucht? Ein K.o.-Spiel und eingeschaltetes Flutlicht. Eben genau die Voraussetzungen, die am 19. Mai 2018 beim Pokal-Endspiel gegen die Bayern vorliegen.

Zwei Mal Rebić (11. und 82.) sowie Gaćinović (90.+6') sorgen bei einem Gegentreffer von Robert Lewandowski zum zwischenzeitlichen 1:1 (53.) für die Sensation von Berlin. 30 Jahre nach Détáris Geniestreich gegen Bo-

AUF EINEN BLICK

SPIELE/S/U/N/TORE/TD/PUNKTE:
8. Platz
34 | 14 | 7 | 13 | 45:45 | 0 | 49

TOPSPIELER DER MANNSCHAFT:
Lúkas Hrádecký (Kicker-Note: 2,88)

BESTER TORSCHÜTZE:
Sébastien Haller (9 Tore)

HÖCHSTER SIEG:
3:0 gegen Mainz 05 und den Hamburger SV

HÖCHSTE NIEDERLAGE:
1:4 beim FC Bayern München und bei Bayer 04 Leverkusen

ZUSCHAUERSCHNITT: 49.100

BESONDERES:
Mit dem Hamburger SV musste nach 54 Jahren der letzte Bundesliga-Dino den Weg in die Zweitklassigkeit antreten.

»Bruda. Schlag den Ball lang!«

Ante Rebić zu Price Kevin Boateng vor dem Treffer im Pokalendspiel gegen Bayern München

ANTE REBIĆ
(* 21. September 1993 in Split)

DER BESONDERE MOMENT

Berliner Olympiastadion, 19. Mai 2018, 20.11 Uhr: Bayern München vertändelt das Leder vor dem eigenen Strafraum. Ante Rebić ist dazwischengegangen, der Ball springt zu Prince Kevin Boateng. Der sieht, dass sich Rebić direkt in Richtung Bayern-Tor orientiert, spielt den Ball in die Gasse. Rebić nimmt das Leder mit links mit und verwandelt mit rechts. 1:0 Eintracht Frankfurt. Dann die 82. Minute. Bayern drückt nach dem Ausgleich zum 1:1, doch die Eintracht kann sich mit einem langen Ball von Danny da Costa befreien. Zwei Bayern – Hummels und Süle – können Rebić nicht halten und der markiert das 2:1. Die Vorentscheidung.

chum kommt der Pokal wieder nach Frankfurt. Ins Endspiel gekommen ist die Eintracht durch Siege beim TuS Erndtebrück (3:0), beim 1. FC Schweinfurt 05 (4:0), beim 1. FC Heidenheim (2:1 n. V.), gegen Mainz 05 (3:0) und beim FC Schalke 04 (1:0).

Meister wird der FC Bayern München vor Schalke 04 und TSG 1899 Hoffenheim. Absteigen müssen der Hamburger SV und der 1. FC Köln. Der VfL Wolfsburg kann sich erneut in der Relegation retten. Diesmal gegen Holstein Kiel.

Rebić spielte in seiner Jugend beim NK Vinjani, beim kroatischen Zweitligisten NK Imotski und ab 2010 beim Erstligisten RNK Split, wo er 2011 seinen ersten Profivertrag erhielt. Im Sommer 2013 zog es ihn zum italienischen Erstligisten AC Florenz. Allerdings wurde Rebić schon ein Jahr später an RB Leipzig ausgeliehen. Da er in der zweiten Liga aber nur auf zehn Einsätze kam, kehrte er zur Saison 2015/16 nach Florenz zurück. Eine weitere Leihstation war Hellas Verona. Mit zehn Spielen, aber ohne Torerfolg, konnte auch er den Abstieg des Klubs in die Serie B nicht verhindern.

Auch sein Start bei der Eintracht war alles andere als verheißungsvoll. Zur Saison 2016/17 wurde er für ein Jahr ausgeliehen, aber Pfeiffersches Drüsenfieber sorgte dafür, dass er erst Mitte Dezember eingesetzt werden konnte. Danach spielte er sich in der Mannschaft fest und wurde 24 Mal aufgeboten. Er erzielte im Pokalendspiel gegen Dortmund das zwischenzeitliche 1:1. Da die Eintracht eine im Leihvertrag verankerte Kaufoption nicht gezogen hatte, kehrte er zunächst nach Florenz zurück. Für ein Jahr, dann sorgte eine erneute Ausleihe und sein Einsatz im Pokalspiel am 20. Dezember 2017 dafür, dass die Transferrechte an Rebić zum 1. Juli 2018 an die Eintracht übergingen.

In der Saison 2018/19 bildete Rebić mit seinen Teamkollegen Sébastien Haller und Luka Jović die Frankfurter »Büffelherde«. Anfang September 2019 wechselte Rebić am letzten Tag der Transferperiode im Tausch mit André Silva in die Serie A zur AC Mailand und wurde kurz vor dem Beginn der Spielzeit 2020/21 vom AC Mailand fest verpflichtet. Mit den Mailändern holte er in der Saison 2021/22 die italienische Meisterschaft.

Für die kroatische Nationalmannschaft spielte Rebić ab 2013 42 Mal und erzielte dabei drei Tore. Bei der Weltmeisterschaft 2018 in Russland wurde er mit seiner Mannschaft nach einer 2:4-Niederlage im Finale gegen Frankreich Vizeweltmeister.

NACHSPIELZEIT

Der Erfinder der Büffelherde, zu der neben Rebić Jović und Haller zählten, waren nicht die Medien, sondern Eintracht-Torwart Kevin Trapp. Er war es, der Ende 2018 nach einem 3:0-Sieg in der Bundesliga beim VfB Stuttgart die Power und Robustheit des Trios mit den Worten »Wenn die da vorne loslegen, brennt es immer. Das war wie eine Büffelherde« auf den Punkt brachte. Wobei das Trio selbst die Bezeichnung nicht mochte.

»DAS SERBISCHE JUWEL«

LUKA JOVIĆ
2018/19

AUF EINEN BLICK

SPIELE/S/U/N/TORE/TD/PUNKTE:
7. Platz
34 | 15 | 9 | 10 | 60:48 | 12 | 54

TOPSPIELER DER MANNSCHAFT:
Kevin Trapp (Kicker-Note: 2,82)

BESTER TORSCHÜTZE:
Luka Jović (17 Tore)

HÖCHSTER SIEG:
7:1 gegen Fortuna Düsseldorf

HÖCHSTE NIEDERLAGE:
1:6 bei Bayer 04 Leverkusen

ZUSCHAUERSCHNITT: 49.794

BESONDERES:
Nach 16 Jahren entfällt die Regel, nach der der amtierende Meister im Eröffnungsspiel ein automatisches Heimrecht hat; die Saison beginnt dennoch mit einem Heimspiel des FC Bayern München. Vom Wegfall der Regel profitiert Eintracht Frankfurt im August 2022. Sie eröffnet die 60. Bundesligasaison gegen die Bayern vor eigenem Publikum.

SAISONRÜCKBLICK

Stimmt: Der höchste Heimsieg – 7:1 gegen Fortuna Düsseldorf – war spektakulär. Aber: Die Saison hat eben auch das 1:6 der Adler in Leverkusen in petto. Sprich: Die Diva ist gerade in dieser Saison für manche Kapriole gut. Bringt die erste Runde im DFB-Pokal für den neuen Trainer Adi Hütter und sein Team eine desaströse 1:2-Niederlage beim Viertligisten SSV Ulm, so wird der Auftritt der Adler in der Europa League 38 Jahre nach dem Gewinn des UEFA-Cups zu einem Triumphzug. Sechs Siege fährt das Team in der Gruppenphase gegen Lazio Rom (4:1 und 2:1), Apollon Limassol (2:0 und 3:2) und Olympique Marseille (2:1 und 4:0) ein und lässt auch in der K.o.-Phase gegen Schachtar Donezk (4:1 und 2:2) und Inter Mailand (0:0 und 1:0) nichts anbrennen. Im Viertelfinale gegen Benfica Lissabon (4:2 und 0:2) helfen die mehr geschossenen Auswärtstore, und im Halbfinale kämpft sich die Eintracht gegen Chelsea London (1:1 und 1:1) ins Elfmeterschießen. Dort unterliegen die Adler 3:4 und trotzdem jubelt ganz Europa dem Underdog zu.

Meister wird der FC Bayern München vor Borussia Dortmund und RB Leipzig. Absteigen müssen Hannover 96 und der 1. FC Nürnberg. Außerdem aufgrund der Auswärtstorregel der VfB Stuttgart, der als 16. gegen den 1. FC Union Berlin nur 2:2 und 0:0 spielt.

> »Den Platz in den Geschichtsbüchern hat er sicher!«
>
> Danny da Costa nach Jovićs Fünferpack gegen Düsseldorf

LUKA JOVIĆ
(* 23. Dezember 1997 in Loznica)

DER BESONDERE MOMENT

Eine knappe halbe Stunde genügt dem 23-Jährigen, um im ersten Spiel nach seiner Rückkehr von Real Madrid beim 3:1 der Eintracht gegen Schalke 04 so oft zu treffen wie zuvor in anderthalb Jahren in Spanien. Wenige Ballkontakte reichen der Leihgabe, um nicht einmal 10 Minuten nach seiner Einwechslung in der 72. Minute den Ball im Tor unterzubringen. In der Nachspielzeit legte er noch das 3:1 nach.

Luka Jović hat schon als Fünfjähriger in seinem Heimatort gekickt. Drei Jahre später wurde er entdeckt und wechselte in die Jugendabteilung von Roter Stern im 140 Kilometer entfernten Belgrad. Nachdem sein Vater oft den Fahrdienst übernommen hatte und die beiden auch mal im Auto übernachteten, wurde Luka mit elf Jahren vom Verein gemeinsam mit anderen Jugendspielern untergebracht. Am 28. Mai 2014 kam er im Alter von 16 Jahren erstmals in der serbischen SuperLiga im letzten Saisonspiel zum Einsatz und konnte so seinen ersten Meistertitel auf dem Rasen feiern. Ab der Saison 2014/15 gehörte Jović offiziell zum Kader der ersten Mannschaft.

Anfang Februar 2016 wechselte er zu Benfica Lissabon und wurde mit den Portugiesen 2016 und 2017 Meister, 2016 Ligapokalsieger und

Supercupsieger sowie 2017 Pokalsieger.

Danach wurde er zur Saison 2017/18 für zwei Spielzeiten mit anschließender Kaufoption an die Eintracht ausgeliehen. Eine Erfolgsgeschichte nahm ihren Lauf. Der Stürmer traf gleich in seinem ersten Spiel für die Eintracht und sorgte im April 2018 mit seinem Hackentor des Monats beim 1:0 der Eintracht auf Schalke für den Einzug ins Pokalfinale.

Insgesamt kam er in seiner ersten Saison bei der Eintracht zu 27 Pflichtspieleinsätzen mit 9 Torerfolgen. Am 19. Oktober 2018 erzielte Jović beim 7:1-Heimsieg gegen Fortuna Düsseldorf fünf Tore und wurde damit zum bisher jüngsten Fünffachtorschützen der Bundesliga-Geschichte. Mehr noch: Sein Seitfallzieher zum 1:0 belegte bei der Wahl zum Tor des Jahres 2018 den zweiten Platz. In der Saison 2018/19 erzielte er in der Bundesliga in 32 Einsätzen 17 Treffer. In der Europa League drang Jović mit der Eintracht bis ins Halbfinale vor und scheiterte mit seiner Mannschaft dort am FC Chelsea. Er erzielte in diesem Wettbewerb 10 Treffer in 14 Einsätzen und belegte damit den zweiten Platz der Torschützenliste.

Zur Saison 2019/20 wechselte Jović für kolportierte 60 Millionen Euro zu Real Madrid, blieb dort aber umstritten und kehrte schließlich im Januar 2021 auf Leihbasis bis zum Sommer noch einmal nach Frankfurt zurück. Für die Eintracht erzielte er in 72 Spielen 29 Tore.

Jović spielte zwischen 2014 und 2015 31 Mal für die serbische U16- und U17-Auswahl und erzielte 26 Tore. Im Juli 2014 nahm er mit der U19-Nationalmannschaft an der U19-Europameisterschaft in Ungarn teil.

NACHSPIELZEIT

Luka Jović gehört zu den Spielern, die eine Menge Trophäen sammelten, ohne direkt beteiligt gewesen zu sein. Dies begann mit seinem ersten Meistertitel mit Roter Stern Belgrad, an dem er knapp 30 Minuten aktiv beteiligt war, ging über den DFB-Pokalsieg 2018 mit der Eintracht, wo er im Finale nicht eingesetzt wurde, und endet beim Champions League-Sieg 2022, den Supercupsiegen 2019 und 2021 sowie den spanischen Meisterschaften 2020 und 2022 mit Real Madrid.

»DER KRIEGER«

FILIP KOSTIĆ
2019/20

AUF EINEN BLICK

SPIELE/S/U/N/TORE/TD/PUNKTE:
9. Platz
34 | 13 | 6 | 15 | 59:60 | -1 | 45

TOPSPIELER DER MANNSCHAFT:
Kevin Trapp (Kicker-Note: 3,07)

BESTER TORSCHÜTZE:
André Silva (12 Tore)

HÖCHSTER SIEG:
5:0 gegen den FC Augsburg

HÖCHSTE NIEDERLAGE:
0:4 bei Borussia Dortmund

ZUSCHAUERSCHNITT:
coronabedingt 35.435

BESONDERES:
Der 25. Spieltag vom 6. bis zum 8. März war der letzte vor einer Zwangspause aufgrund der COVID-19-Pandemie. Am 11. März fand noch die Nachholpartie des 21. Spieltags zwischen Borussia Mönchengladbach und dem 1. FC Köln, die am 9. Februar 2020 aufgrund des Orkans »Sabine« abgesagt worden war, als erstes Geisterspiel der Bundesligageschichte statt. Nach einer über zweimonatigen Unterbrechung wurde die Saison vom 16. Mai an vor leeren Rängen bis zum Ende fortgesetzt.

SAISONRÜCKBLICK

Die Eintracht kompensiert den Verlust der »Büffelherde« (Rebić, Haller und Jović) mit den Verpflichtungen von Dost und Silva und setzt zudem auf Paciência. Dass am Ende als Höhepunkte ein 5:1 gegen die Bayern inkl. anschließendem Kovač-Rauswurf und ein 5:0 gegen Augsburg zu Buche schlagen, kann das Gesamtbild allerdings nur bedingt aufhübschen. Mehr als Platz 9 ist in der Endabrechnung nicht drin.

Im Pokal gelingt den Bayern im Halbfinale die Revanche für das verlorene Endspiel. 2:1 bezwingen sie die Adler in München mit Hansi Flick an der Seitenlinie. Zuvor siegt die Eintracht beim SV Waldhof Mannheim (5:3), auf St. Pauli (2:1), gegen Leipzig (3:1) und gegen Werder Bremen (2:0).

Völlig unerwartet kommt zudem das Aus in der Europa League. 0:3 unterliegt die Eintracht dem FC Basel im eigenen Stadion und nicht wenige hätten sich gewünscht, dass die Verantwortlichen nicht darauf bestanden hätten, die Begegnung noch vor der Corona-Zwangspause zu spielen. Das Rückspiel verlieren die Hessen 0:1.

Meister wird der FC Bayern München vor Borussia Dortmund und RB Leipzig. Absteigen müssen Fortuna

»Die Eintracht hat meine Karriere wiederbelebt!«

Filip Kostić

Düsseldorf und der FC Paderborn. Werder Bremen setzt sich in der Relegation gegen den FC Heidenheim durch.

FILIP KOSTIĆ
(* 1. November 1992 in Kragujevac)

DER BESONDERE MOMENT

14. April 2022. Europa League Viertelfinal-Rückspiel FC Barcelona gegen Eintracht Frankfurt. Die ganze Mannschaft hat Besonderes geleistet. So wie die 25.000 Eintracht-Fans auf den Rängen. Doch einer hat herausgestochen. Filip Kostić. Er führt das Team mit einer Weltklasse-Leistung, zwei Toren und einer unglaublich intensiven Abwehrarbeit zum legendären Sieg im nicht weniger legendären Camp Nou. Wie der Serbe die magische Nacht zelebrierte, siehe: Nachspielzeit.

Filip Kostić war gerade mal 16 Jahre alt, als er sein Profidebüt beim FK Radnički 1923 Kragujevac gab. Damals noch in der dritten Liga. Drei Jahre und drei Aufstiege später war er in der serbischen SuperLiga angekommen und erhielt erste Angebote aus dem Ausland. Über den niederländischen Erstligisten FC Groningen kam er zum VfB Stuttgart, wo er Stammspieler wurde, in seiner ersten Saison den Klassenerhalt schaffte, aber nach dem Abstieg 2016 zum Hamburger SV abgegeben wurde. Auch an der

Elbe spielte Kostić gegen den Abstieg. Zunächst noch erfolgreich, dann erwischte es den Bundesliga-Dino und der Serbe wurde (Fredi Bobic war in der Zwischenzeit vom VfB Stuttgart an den Main gewechselt) für zwei Jahre auf Leihbasis mit Kaufoption zur Eintracht gelotst. Unter Adi Hütter wurde Kostić in der Saison 2018/19 Stammspieler und kam in seiner ersten Saison auf 46 Pflichtspieleinsätze mit 10 Torerfolgen sowie 13 Assists. Das änderte sich auch in der Spielzeit 2019/20 nicht. Der Dauerbrenner stand in 50 Pflichtspielen auf dem Platz, erzielte 12 Tore und bereitete 18 Treffer vor.

Im März 2021 wurde er als Spieler des Monats in der Bundesliga ausgezeichnet. Außerdem wurde er am Saisonende in die Mannschaft der Saison der Vereinigung der Vertragsfußballspieler gewählt.

In der Saison 2021/22 kam Kostić nach einem anfänglichen, von ihm selbst provozierten Wechsel-Durcheinander auch unter dem neuen Trainer Oliver Glasner auf 43 Pflichtspieleinsätze mit 7 Toren und 15 Assists. In der Europa League stand er mit einer Ausnahme in jedem Spiel seiner Mannschaft über die volle Spielzeit auf dem Feld und verwandelte im Elfmeterschießen des Finales gegen Glasgow Rangers einen Elfmeter. Danach wurde er von der UEFA ins Team der Saison aufgenommen und als bester Spieler des Wettbewerbs ausgezeichnet.

Für die Eintracht schoss er in 163 Spielen 33 Tore und bereitete 61 Tore vor.

Filip Kostić spielte in verschiedenen serbischen Junioren-Nationalteams und streifte sich 46 Mal das Trikot der A-Nationalmannschaft über.

NACHSPIELZEIT

Das hat er sich verdient: Nach dem Europa League Viertelfinal-Rückspiel in Barcelona schickte Filip Kostić einen besonderen Gruß an Lionel Messi, der stets die Rückennummer 10 in Barcelona trug, in die magische Nacht. Der Zweifach-Torschütze hielt sein Trikot mit der Rückennummer 10 in Richtung der Fans. Eine Pose, mit der Messi einst einen entscheidenden Treffer im Clásico bei Real Madrid gefeiert hatte. »Ich bin sehr stolz auf diese Mannschaft und danke für diese unglaubliche Unterstützung«, schrieb Kostić kurz darauf bei Instagram.

»DER TORGARANT«

ANDRÉ SILVA
2020/21

AUF EINEN BLICK

SPIELE/S/U/N/TORE/TD/PUNKTE:
5. Platz
34 | 16 | 12 | 6 | 69:53 | 16 | 60

TOPSPIELER DER MANNSCHAFT:
André Silva (Kicker-Note: 2,83)

BESTER TORSCHÜTZE:
André Silva (28 Tore)

HÖCHSTER SIEG:
5:1 gegen Arminia Bielefeld

HÖCHSTE NIEDERLAGE:
0:5 beim FC Bayern München

ZUSCHAUERSCHNITT:
coronabedingt 853

BESONDERES:
Robert Lewandowski zieht mit 41 Toren als Torschützenkönig am bisherigen Rekordhalter Gerd Müller (40) vorbei.

SAISONRÜCKBLICK

Wie heißt es so schön? Manchmal kommt es erstens anders, zweitens als man denkt. Die Saison 2020/21 ist ein Paradebeispiel dafür. Tief enttäuscht müssen die Fans mit ansehen, wie die Adler vom vierten Champions-League-Platz mit sieben Punkten Vorsprung nach dem 27. Spieltag noch in die Europa League durchgereicht werden. Fassungslos müssen sie erleben, wie ihr Team am vorletzten Spieltag sogar bei den längst als Absteiger feststehenden Schalkern mit 3:4 die Punkte liegenlässt. Dass genau dies dazu führt, dass sich die Hütter-Truppe für die Europa League qualifiziert und diese am Ende gewinnen wird, kann an jenem 15. Mai 2021 keiner ahnen. Und so findet das komplette Umfeld schnell den Schuldigen an der Misere. Adi Hütters Wechsel nach Mönchengladbach ist dafür verantwortlich, dass die Eintracht von den letzten acht Pflichtspielen nur eins gewinnen kann. Und ein zweites Päckchen trägt Sportvorstand Fredi Bobic, der zur Hertha wechselt.

Im DFB-Pokal hängen die Trauben auch zu hoch. Nach einem 2:1-Sieg bei 1860 München ist in Runde 2 beim 1:4 in Leverkusen Feierabend.

Meister wird der FC Bayern München vor RB Leipzig und Borussia Dortmund. In die 2. Liga gehen Werder Bremen und Schalke 04. Der 1. FC Köln setzt sich gegen Holstein Kiel in der Relegation durch.

ANDRÉ MIGUEL VALENTE DA SILVA

(* 6. November 1995 in Baguim do Monte)

DER BESONDERE MOMENT

13. Juni 2020. Berliner Olympiastadion. 31. Spieltag. Eintracht zu Gast bei Hertha BSC. In der 62. Minute produzieren Kamada und Silva das wohl schönste Saisontor der Eintracht. Der Japaner tanzt drei Herthaner aus und spielt nach innen. Dort steht, allerdings mit dem Rücken zum Tor, André Silva. Kein Problem: Der Portugiese versenkt den Pass mit der Hacke und dreht damit das Spiel. Endstand: 4:1 für die Eintracht.

André Silva spielte in seiner Jugend für seine Heimatvereine SC Salgueiros, Boavista Porto und Padroense FC. 2011 wechselte er aus der Provinz in die Jugendabteilung des FC Porto und wurde schon zwei Jahre später in der zweiten Mannschaft eingesetzt. In der Saison 2016/17 entwickelte er sich zum Stammspieler der ersten Mannschaft und wiederum ein Jahr später folgte der Wechsel in die italienische Serie A zum AC Mailand. Von den Italienern wurde er allerdings bald zum spanischen Erstligisten FC Sevilla ausgeliehen. Anfang September 2019 wechselte der Stürmer schließlich am letzten Tag der Transferperiode im Tausch mit Ante Rebić zur Eintracht, wo er mit drei Toren in drei

»Gude, Eintracht-Fans. Ich bin André Silva. Ich bin ein Adler!«

André Silva auf Deutsch in seinem ersten Interview für Eintracht TV

wandowski zweitbester Torschütze der Liga. Außerdem übertraf er den Rekord von Bernd Hölzenbein als bis dato erfolgreichsten Frankfurter Torschützen innerhalb einer Bundesliga-Saison um 2 Tore. Auf diese Weise hatte er großen Anteil daran, dass sich die Adler als Tabellenfünfte für die Teilnahme an der Europa League qualifizierten.

Zur Saison 2021/22 wechselte Silva zu RB Leipzig.

Der treffsichere Stürmer durchlief sämtliche portugiesische Juniorennationalmannschaften und spielte ab 2016 51 Mal für die A-Nationalmannschaft. Er schoss für Portugal 19 Tore.

Spielen in Folge einen perfekten Start hinlegte.

Kurz vor dem Beginn der Spielzeit 2020/21 wurde Silva von der Eintracht fest verpflichtet und er bedankte sich redlich: In der Hinrunde der folgenden Saison erzielte er 12 Tore und im Januar 2021 wurde er als Spieler des Monats in der Bundesliga ausgezeichnet. In der Rückrunde schoss er weitere 16 Tore und wurde mit 28 Treffern nach Robert Le-

NACHSPIELZEIT

Als der kleine André Miguel Valente da Silva anfing, war er nicht nur bei den Fußballern aktiv, sondern auch in der Rollhockey-Abteilung. Die Entscheidung – Rollhockey oder doch besser Fußball? – soll ihm nicht leichtgefallen sein und es wird gemunkelt, dass er bei Besuchen in der Heimat zur Entspannung gerne mal eine Partie Rollhockey besucht.

»SEPPL«

SEBASTIAN RODE
2021/22

SAISONRÜCKBLICK

Die 59. Bundesligasaison bringt mit dem Österreicher Oliver Glasner nicht nur einen neuen Trainer zur Eintracht. Auch die sportliche Führung wird ausgewechselt. Wobei dem Vorstand um Axel Hellmann mit der Verpflichtung von Markus Krösche von RB Leipzig als Nachfolger von Sportvorstand Fredi Bobic durchaus ein Big Point gelingt. Schmerzhaft hingegen ist der Abgang von André Silva. Kompensiert wird der Wechsel des Torjägers und anderer Spieler mit vielen neuen Namen wie Lammers, Jakić, Hauge, Lindstrøm, Borré, Lenz und im Winter Knauff sowie den Leihrückkehrern Joveljić, Paciência, Kohr und da Costa. Immerhin: Nach langem Hickhack bleibt Kostić. Wo-

AUF EINEN BLICK

SPIELE/S/U/N/TORE/TD/PUNKTE:
11. Platz
34 | 10 | 12 | 12 | 45:49 | -4 | 42

TOPSPIELER DER MANNSCHAFT:
Kevin Trapp (Kicker-Note: 2,78)

BESTER TORSCHÜTZE:
Rafael Borré (8 Tore)

HÖCHSTER SIEG:
5:2 gegen Bayer 04 Leverkusen

HÖCHSTE NIEDERLAGE:
2:5 bei Borussia Dortmund

ZUSCHAUERSCHNITT:
coronabedingt 26.338

BESONDERES:
Mit Eintracht Frankfurt wird erstmals eine deutsche Mannschaft Europa League Sieger.

»Meine Kopfverletzung tat nur weh, sonst war alles in Ordnung. Ich hab direkt an Schweini gedacht bei der WM 2014.«

Sebastian Rode nach dem Finalsieg gegen Glasgow

bei am Ende allen klar ist: Platz 11 in der Liga ist nur durch den Europa League Sieg hinnehmbar. Das gilt auch für die bittere Auftakt-Niederlage im DFB-Pokal. Bei Waldhof-Mannheim verliert die Eintracht 0:2. Aber dafür ist die Leistung auf europäischer Bühne ganz schwer nur in Worte zu fassen. In 13 Spielen geht die Mannschaft acht Mal als Sieger vom Platz und spielt fünf Mal Unentschieden. Niederlagen: Fehlanzeige. Zum Vergleich: Beim UEFA-Cup-Triumph 1980 gab es in 12 Spielen 5 Niederlagen.

Meister wird der FC Bayern München vor Borussia Dortmund und Bayer 04 Leverkusen. Absteigen müssen Arminia Bielefeld und die SpVgg Greuther Fürth.

SEBASTIAN RODE
(* 11. Oktober 1990 in Seeheim-Jugenheim)

DER BESONDERE MOMENT

18. Mai 2022. Das Europa League Finale in Sevilla ist gerade mal fünf Minuten alt, da trifft Rangers-Spieler John Lundstram Sebastian Rode im Zweikampf mit den Stollen am Kopf. Der Frankfurter Kapitän liegt blutüberströmt auf dem Rasen, muss minutenlang behandelt werden. Schock für die Eintracht, doch nach einer langen Unterbrechung spielt Rode mit einem Kopfverband weiter. Wie heftig er getroffen worden ist, wird in der Nacht ein Post mit der genähten Platzwunde zeigen. Da hätten andere sicher nicht weitergespielt.

Sebastian Rode kam schon als Jugendlicher ordentlich herum. Er kickte beim SSV Hähnlein, beim FC Alsbach, beim SC Viktoria Griesheim und bei Darmstadt 98, bevor er im Sommer 2005 in die Jugendabteilung von Kickers Offenbach wechselte.

Am Bieberer Berg entwickelte er sich in der Saison 2009/10 zum Stammspieler, doch ein Kreuzbandriss stoppte zunächst die Karriere. Zur Saison 2010/11 unterschrieb Rode bei der Eintracht, kurierte zunächst einen Knorpelschaden im linken Knie aus und kam am 21. Januar 2011 zu seinem ersten Bundesliga-Einsatz. Trotz des Abstiegs der Eintracht 2011 und anderer lukrativer Angebote blieb Rode und trug mit zwei Toren und zehn Torvorlagen maßgeblich zum direkten Wiederaufstieg bei. Ende Februar 2014 erlitt Rode erneut einen Knorpelschaden – diesmal im rechten Knie –, fiel bis zum Saisonende aus und wechselte zur Saison 2014/15 ablösefrei zum FC Bayern München. Mit den Bayern wurde Rode 2015 Deutscher Meister und gewann 2016 das Double. Da er nie Stammspieler wurde, suchte er im Sommer 2016 bei Borussia Dortmund seine Chance und wurde prompt DFB-Pokal-Sieger, allerdings ohne Einsatzzeit. Nachdem ihn in der Saison 2017/18 eine Leistenverletzung zurückwarf, kehrte der »verlorene Sohn« am 1. Januar 2019 zunächst auf Leihbasis bis zum Ende der Saison 2018/19 zur Eintracht zurück, konnte sich wieder einen Stammplatz erobern und wurde im Sommer fest verpflichtet. Seitdem gehörte er mit Ausnahme der verletzungsbedingten Pausen aufgrund von Knieproblemen zum festen Stamm der Mannschaft und wurde 2021 vom neuen Cheftrainer Oliver Glasner zum Mannschaftskapitän ernannt. Für die Eintracht spielte er bislang 179 Mal und schoss dabei 9 Tore.

Außerdem spielte er 14 Mal für verschiedene deutsche Junioren-Nationalmannschaften.

Er engagiert sich seit Ende 2012 als Botschafter des hessischen Landespräventionsrates und vor allem bei Kindern und Jugendlichen für Gewaltfreiheit.

NACHSPIELZEIT

Sebastian Rode durfte sich am 30. Mai 2022 in das Goldene Buch seiner Heimatstadt Bensheim eintragen. Wie viel ihm dies bedeutet, erklärte er auf seinem Instagram-Profil: »Es ist mir eine große Ehre, als Bensheimer Bürger den Eintrag in das Goldene Buch der Stadt Bensheim vorzunehmen. Bensheim ist mein Zuhause. Hier sind meine Familie, Freunde und Bekannte. Dabei ist mir auch die Unterstützung von regionalen, sozialen Projekten von großer Bedeutung.«

DER 12. MANN 2022/23

Die 60. Bundesligasaison beginnt für die Eintracht gleich mit drei auch telegenen Höhepunkten: Das Erstrundenspiel der Glasner-Truppe im DFB-Pokal bei Zweitliga-Aufsteiger Magdeburg am Montag, 1. August, 20.45 Uhr überträgt die ARD-Sportschau live. Neun Tage später, am 10. August, spielt die Eintracht als Europa League-Sieger in Helsinki gegen den Champions League-Sieger Real Madrid und für die älteren Eintracht-Fans werden Erinnerungen an den 18. Mai 1960 wach, als die Mannschaft im Finale des Europapokals der Landesmeister vor 135.000 Zuschauern im Glasgower Hampden Park gegen Real Madrid antrat und damit Teil eines der besten je ausgetragenen Fußballspiele wurde. Der englische Ausnahmefußballer Bobby Charlton kommentierte damals: »Mein erster Gedanke war, dieses Spiel ist ein Schwindel, geschnitten, ein Film, weil diese Spieler Dinge taten, die nicht möglich sind, nicht real, nicht menschlich!« 7:3 siegten die spanischen Profis gegen die deutschen Amateure und doch war Frankfurt völlig aus dem Häuschen.

Doch zurück ins Jahr 2022. Da eröffnen die Adler am Freitag, 5. August, 20.30 Uhr mit dem Duell gegen den Deutschen Meister Bayern München die 60. Bundesligasaison. Anders ausgedrückt: Auf die Eintracht-Fans, die sich in 60 Jahren Bundesliga und vor allem in den letzten Jahren durch ihre grandiosen Auftritte auf der europäischen Bühne immer wieder wahrhaft meisterlich präsentiert haben, warten drei Highlights der besonderen Art in zehn Tagen.

DER 12. MANN

Nicht erst seit dem Viertelfinal-Rückspiel in Barcelona, als 30.000 weiß gekleidete Eintracht-Fans der Mannschaft den Rücken stärkten und sogar für einen kurzzeitigen Fan-Boykott der spanischen Ultras nach der Pause sorgten, sind die Eintracht-Fans das Maß aller Dinge in Europa. »Das magische Band«, wie Eintracht-Vorstandssprecher Axel Hellmann es gesagt hat, wurde dabei nicht erst geflochten, als die Erfolge nah waren. Wie in vielen Städten entstanden auch in Frankfurt Ende der 1960er, Anfang der 1970er Jahre die ersten Eintracht-Fanclubs. Wer nun wirklich der erste war, ist nicht mehr exakt zu ermitteln. Bieber, Zeilsheim, Mühlheim oder auch Nied und Schwanheim werden gehandelt.

Heute sind es 750 offizielle Eintracht Frankfurt Fanclubs mit mehr als 50.000 Mitgliedern, die vom Eintracht Frankfurt Fanclubverband e.V. vertreten werden. Die Frankfurter Ultras, die für die faszinierenden Choreographien verantwortlich sind, wurden 1997 gegründet und spielen wie alle anderen organisierten oder nicht organisierten Fans der Eintracht gerade auf der europäischen Bühne eine durchaus entscheidende Rolle für die unglaublichen Auftritte der Mannschaft. Wenn 10.000 Fans schon in der Gruppenphase der Europa League 2013/14 mit dem Team nach Bordeaux fahren, sorgt das eben für den nötigen Push und am Ende für einen 1:0 Sieg, der das Weiterkommen sichert. Wären nur 300 mitgekommen, wer weiß, wie es ausgegangen wäre.

„Die Atmosphäre führt dazu, dass die Spieler maximal konzentriert und extrem engagiert zu Werke gehen", hat nicht zuletzt Fan-Forscher Harald Lange die Wirkung der Fans auf die Leistung der Adler ausgemacht und im Schweizer Nachrichtenportal „Watson" den Hut vor dem Support der Eintracht-Fans gezogen: „Das war in der Ausprägung

„Eintracht Frankfurt, deine Fans sind hier! Wie ein Felsen stehen wir zu dir. Eintracht Ob der Himmel auch mal weint und die Sonne wieder scheint. Eintracht Frankfurt, deine Fans sind wir!"

Frankfurt Allstars

gigantisch. Ich weiß nicht, ob ich so etwas schon einmal erlebt habe."

Interessant dabei: Die Eintracht Fans haben einen enormen Wandel hingelegt. Feierten sie sich beim Abstieg 2011 noch selbst als „Deutsche Randale-Meister", so haben sie sich längst vor allem durch ihre Auftritte auf der europäischen Bühne den Respekt ganz Europas verdient.

Und natürlich den der Eintracht-Verantwortlichen. Allen voran Präsident Peter Fischer, den die Medi-

ist Frankfurt, das haben alle hier verdient. Guckt euch das doch an. Das ist Lebensfreude, das ist Fußball" und nach dem Finalsieg versprochen, zurückzuzahlen: Die Eintracht wird wie schon in Sevilla nach dem Schlusspfiff und beim Konvoi vom Flughafen zum Römer den Pott nicht wegsperren. Im Gegenteil: „Wir werden vor allem bei den öffentlichen Trainings in der Vorbereitung den Pokal so aufstellen, dass jeder, der will, sein Bild mit diesem Pokal bekommen wird. Das kann ich garantieren", verkündete Eintracht-Vorstand Axel Hellmann im Heimspiel! des hr-Fernsehens. Auch wenn die Rahmenbedingungen der UEFA den Umgang mit dem Pokal einschränken. Mit diffusen Regelwerken und Gängelei konnte die ganze Eintracht-Familie schon immer gut umgehen.

envertreter bei einer seiner ersten Pressekonferenzen im Jahr 2000, als er ankündigte, dass es sein Ziel sei, dass aus den 3.500 Eintracht-Mitgliedern am Ende seiner Amtszeit 10.000 werden würden, milde belächelten. Heute hat die Eintracht 110.000 Mitglieder. Die Wichtigkeit der Unterstützung brachte der Volkstribun nach dem Last-Minute-Treffer im Halbfinale gegen West Ham auf den Punkt: „Das

NACHSPIELZEIT

Der Titel, den die Eintracht als erste deutsche Mannschaft gewonnen hat, ist neu: Europa League Sieger. Der Pokal nicht. Den hat die Eintracht schon 1980 im Finale gegen Borussia Mönchengladbach geholt. 2009 wurde der ehemalige UEFA-Cup in Europa League umbenannt.

SPIELER

Ernst Abbé | 1966 bis 1969 | 21
David Abraham | 2015 bis 2021 | 175
Ache Ragnar | 2020 | 23
Dariuz Adamczuk | 1992 bis 1993 | 5
Stefan Aigner | 2012 bis 2016 | 135
Allan | 2018 | 4
Halil Altıntop | 2010 bis 2011 | 52
Marcos Álvarez | 2007 bis 2012 | 1
Ioannis Amanatidis | 2004 + 2005 bis 2011 | 158
Martin Amedick | 2012 bis 2013 | 2
Sascha Amstätter | 1997 bis 1999 | 5
Jørn Andersen | 1988 bis 1990 + 1991 bis 1994 | 112
Bamba Anderson | 2011 bis 2015 | 107
Hans-Joachim Andree | 1973 bis 1975 | 20
Michael Aničić | 1992 bis 1996 | 36
Holger Anthes | 1981 bis 1983 | 17
Wolfgang April | 1984 bis 1985 | 7
Friedhelm Aust | 1971 bis 1972 | 10
Kaan Ayhan | 2016 | 2

Zlatan Bajramović | 2008 bis 2011 | 19
Dirk Bakalorz | 1988 bis 1990 | 28
Marvin Bakalorz | 2013 | 4
Ralf Balzis | 1987 bis 1989 | 43
Aymen Barkok | 2016 bis 2018 + 2020 bis 2022 | 64
Tranquillo Barnetta | 2013 bis 2014 | 31
Walter Bechtold | 1965 bis 1969 | 87
Matthias Becker | 1993 bis 1997 | 72
Markus Beierle | 2003 bis 2005 | 52
Uwe Bein | 1989 bis 1994 | 182
Stefan Bell | 2011 bis 2012 | 2
Habib Bellaïd | 2008 bis 2009 + 2011 bis 2012 | 25
Hermann-Dieter Bellut | 1967 bis 1970 | 56
Änis Ben-Hatira | 2016 | 9
Tommy Berntsen | 2001 | 3
Thomas Berthold | 1982 bis 1987 | 119
Max Besuschkow | 2017 bis 2018 | 4
René Beuchel | 1995 bis 1997 | 28
Klaus Beverungen | 1974 bis 1977 | 85
Jaroslaw Biernat | 1986 bis 1989 | 15
Egon Bihn | 1976 bis 1978 | 18
Uwe Bindewald | 1988 bis 2004 | 473
Manfred Binz | 1984 bis 1996 | 403
Michael Blättel | 1979 bis 1981 | 17
Danny Blum | 2016 bis 2018 | 23
Peter Blusch | 1964 bis 1968 | 127
Kevin-Prince Boateng | 2017 bis 2018 | 36
Jörg Böhme | 1995 bis 1996 | 23

Rudi Bommer | 1992 bis 1997 | 106
Ronald Borchers | 1975 bis 1984 | 206
Elias Bördner | 2020 bis 2021 | 1
Dirk Borkenhagen | 1983 bis 1984 | 1
Rafael Borré | seit 2021 | 45
Mourad Bounoua | 1999 | 7
Hans-Peter Boy | 1984 bis 1986 | 17
Serge Branco | 2000 bis 2003 | 43
Ansgar Brinkmann | 1997 bis 1999 | 48
Siegfried Bronnert | 1966 bis 1968 | 29
Uwe Bühler | 1985 bis 1987 | 16
Erol Bulut | 1999 bis 2001 | 9
Oliver Bunzenthal | 1995 bis 1998 | 17
Henning Bürger | 2002 bis 2004 | 53
Heiko Butscher | 2012 bis 2013 | 16

Caio | 2008 bis 2012 | 92
Alexander Caspary | 1985 bis 1986 | 12
Luc Castaignos | 2015 bis 2016 | 21
Marijan Ćavar | 2018 bis 2021 | 1
Stafano Celozzi | 2012 bis 2014 | 90
Hakan Cengiz | 1997 bis 1998 | 12
Bum-kun Cha | 1979 bis 1983 | 156
Du-ri Cha | 2003 bis 2006 | 95
Mounir Chaftar | 2005 bis 2008 | 11
Timothy Chandler | seit 2014 | 179
Chris | 2003 bis 2011 | 157
Daniyel Cimen | 2002 bis 2006 | 32
Geri Çipi | 2003 bis 2004 | 15
Saša Ćirić | 2000 bis 2002 | 27
Ricardo Clark | 2010 bis 2012 | 16
Alexander Conrad | 1984 bis 1987 + 1990 bis 1991 | 16
Francisco Copado | 2005 bis 2006 | 30
Oscar Corrochano | 1996 bis 1997 | 1
Danny da Costa | 2017 bis 2022 | 128

Peter Deißenberger | 2000 bis 2001 | 1
Lajos Détári | 1987 bis 1988 | 39
Bakary Diakité | 2002 bis 2003 | 16
Mirko Dickhaut | 1993 bis 1997 | 138
Manfred Diehl | 1971 bis 1972 | 2
Constant Djakpa | 2011 bis 2016 | 81
Thomas Doll | 1994 bis 1996 | 28
Tibor Dombi | 1999 bis 2000 | 17
Rainer Dörr | 1976 bis 1977 | 1
Bas Dost | 2019 bis 2020 | 43
Mehmet Dragusha | 2003 bis 2005 | 21
Julian Dudda | 2011 bis 2013 | 1
Erik Durm | 2019 bis 2022 | 46
Matthias Dworschak | 1994 bis 1997 | 21

Dieter Eckstein | 1988 bis 1991 | 76
Horst Ehrmantraut | 1979 bis 1980 | 18
Hans-Walter Eigenbrodt | 1955 bis 1965 | 17

Karl Eisenhofer | 1963 bis 1964 | 3
Johnny Ekström | 1995 bis 1997 | 37
Ruedi Elsener | 1978 bis 1979 | 39
Thomas Epp | 1997 bis 1999 | 45
Thomas Ernst | 1987 bis 1994 | 6
Bernd Eufinger | 1981 | 1
Günter Eymold | 1983 bis 1984 | 3

Marco Fabián | 2016 bis 2019 | 48
Ralf Fährmann | 2009 bis 2011 | 19
Simon Falette | 2017 bis 2019 + 2020 | 43
Patrick Falk | 1999 bis 2000 | 14
Ralf Falkenmayer | 1980 bis 1987 + 1989 bis 1996 | 382
Stephen Kanu Famewo | 2001 bis 2003 | 3
Siegbert Feghelm | 1966 bis 1972 | 29
Martin Fenin | 2008 bis 2011 | 96
Gelson Fernandes | 2017 bis 2020 | 81
Michael Fink | 2006 bis 2009 | 100
Jan Åge Fjørtoft | 1998 bis 2001 | 54
Thorsten Flick | 1994 bis 1999 | 38
Johannes Flum | 2013 bis 2015 | 54
Maik Franz | 2009 bis 2011 | 54
Jürgen Friedl | 1975 bis 1979 | 5
Jürgen Friedrich | 1963 bis 1968 | 94
Rob Friend | 2011 bis 2013 | 14
Holger Friz | 1984 bis 1986 + 1987 bis 1988 | 45
Nico Frommer | 2003 bis 2005 | 29
Norbert Fruck | 1983 bis 1986 | 45
Klaus Funk | 1979 bis 1981 | 50
Jan Furtok | 1993 bis 1995 | 70

Mijat Gaćinović | 2015 bis 2020 | 154
Aarón Galindo | 2007 bis 2009 | 33
Maurizio Gaudino | 1993 bis 1997 | 92
Marco Gebhardt | 1997 bis 2002 | 119
Theofanis Gekas | 2010 bis 2012 | 52
Giuseppe Gemiti | 2000 bis 2002 | 16
Joel Gerezgiher | 2015 bis 2016 | 4
Frank Gerster | 1998 bis 1999 | 1
Patrick Glöckner | 1998 bis 1999 | 9 |
Armin Görtz | 1981 bis 1982 | 7
Jürgen Grabowski | 1965 bis 1980 | 526
Jens Grahl | 2021 | 1
Rigobert Gruber | 1979 bis 1981 | 26
Heinz Gründel | 1988 bis 1993 | 107
Michael Guth | 1996 bis 1997 | 21
Rolf-Christel Guié-Mien | 1999 bis 2003 | 104
Helmut Gulich | 1981 bis 1983 | 17
Hans-Jürgen Gundelach | 1984 bis 1989 | 94
Urs Güntensperger | 1996 bis 1998 | 47
Sven Günther | 2002 bis 2004 | 40

Jonathan de Guzmán | 2017 bis 2020 | 67

Matthias Hagner | 1993 bis 1996 | 35
Sébastien Haller | 2017 bis 2019 | 76
Makoto Hasebe | seit 2014 | 260
Ralf Haub | 1987 bis 1988 | 6
Jens Petter Hauge | seit 2021 | 38
Michael Hector | 2016 bis 2017 | 27
Horst Heese | 1969 bis 1972 | 120
Maximilian Heidenreich | 1988 bis 1989 | 16
Dirk Heinen | 2000 bis 2002 | 65
Dirk Heitkamp | 1987 bis 1989 | 21
Horst Heldt | 1999 bis 2001 | 67
Marcel Heller | 2007 bis 2011 | 36
Rowan Hendricks | 1999 bis 2000 | 1
Franciel Hengemühle | 2002 bis 2004 | 1
Carsten Hennig | 1996 bis 1997 | 3
Willi Herbert | bis 1965 | 7
Ingo Hertzsch | 2004 bis 2004 | 15
Martin Hess | 2007 bis 2010 | 1
Timo Hildebrand | 2014 bis 2015 | 3
Martin Hinteregger | 2019 bis 2022 | 138
Peter Hobday | 1988 bis 1990 | 24
Hermann Höfer | bis 1967 | 76
Erwin Hoffer | 2011 bis 2013 | 37
Torben Hoffmann | 2004 bis 2005 | 32
Josef Hofmeister | 1972 bis 1973 | 13
Bernd Hölzenbein | 1966 bis 1981 | 511
Klaus Hommrich | 1969 bis 1970 | 8
Norbert Hönnscheidt | 1980 bis 1981 | 7
Alfred Horn | bis 1965 | 21
Lukáš Hrádecký | 2015 bis 2018 | 114
Branimir Hrgota | 2016 bis 2019 | 39
Ajdin Hrustić | seit 2020 | 40
Alexander Huber | 2004 bis 2006 | 12
Wilhelm Huberts | 1963 bis 1970 | 247
Petar Hubtschew | 1996 bis 2001 | 111
Benjamin Huggel | 2005 bis 2007 | 68
Markus Husterer | 2004 bis 2006 | 20
Szabolcs Huszti | 2016 | 32

Mohammadou Idrissou | 2011 bis 2012 | 27
Aleksandar Ignjovski | 2014 bis 2016 | 40
Stefan Ilsanker | 2020 bis 2022 | 61
Junichi Inamoto | 2007 bis 2009 | 46
Takashi Inui | 2012 bis 2015 | 87

Kristijan Jakić | seit 2021 | 38
Olaf Janßen | 1996 bis 2000 | 54
Reinhold Jessl | 1986 bis 1987 | 5
Jermaine Jones | 2000 bis 2004 + 2005 bis 2007 | 93
Joselu | 2013 bis 2014 | 33
Dejan Joveljić | 2019 | 10

Luka Jović | 2017 bis 2019 + 2021 | 92
Sebastian Jung | 2009 bis 2014 | 164
Joachim Jüriens | 1980 bis 1984 | 33
Fahrudin Jusufi | 1966 bis 1970 | 124

Josef Kaczor | 1982 bis 1983 | 15
Václav Kadlec | 2013 bis 2015 | 39
Mike Kahlhofen | 1982 bis 1983 | 2
Jürgen Kalb | 1968 bis 1975 | 216
Daichi Kamada | 2017 bis 2018 + seit 2019 | 142
Harald Karger | 1979 bis 1983 | 43
Burhanettin Kaymak | 1995 bis 1999 | 18
Günter Keifler | 1967 bis 1971 | 20
Jens Keller | 2002 bis 2005 | 53
Marc Oliver Kempf | 2012 bis 2014 | 6
Thomas Kessler | 2011 bis 2012 | 4
Jochen Kientz | 1992 bis 1993 | 1
David Kinsombi | 2014 bis 2015 | 4
Sonny Kittel | 2010 bis 2016 | 54
Dieter Kitzmann | 1985 bis 1988 | 29
Michael Klein | 1989 bis 1993 | 56
Thomas Klepper | 1987 bis 1990 | 62
Uwe Kliemann | 1972 bis 1980 | 78
Thomas Kloss | 1983 bis 1984 | 2
Ansgar Knauff | seit 2022 | 19
André Köhler | 1990 bis 1991 | 5
Dominik Kohr | 2019 bis 2021 | 49
Benjamin Köhler | 2004 bis 2012 | 257
Heinz-Josef Koitka | 1975 bis 1979 | 113
Slobodan Komljenović | 1992 bis 1997 | 155
Ender Konca | 1971 bis 1973 | 41
Michael König | 1996 bis 1997 | 2
Andreas Köpke | 1994 bis 1996 | 77
Karl-Heinz Körbel | 1972 bis 1991 | 720
Ümit Korkmaz | 2008 bis 2012 | 50
Filip Kostić | seit 2018 | 169
Michael Kostner | 1987 bis 1989 | 19
Armin Kraaz | 1983 bis 1988 | 131
Torsten Kracht | 1999 bis 2001 | 67
Dieter Krafczyk | 1966 bis 1967 | 7
Harald Krämer | 1978 bis 1987 | 66
Helmut Kraus | 1963 bis 1969 | 79
Kevin Kraus | 2010 bis 2011 | 1
Wolfgang Kraus | 1971 bis 1979 | 227
Raimond Krauth | 1972 bis 1974 | 28
Richard Kreß | bis 1964 | 17
Markus Kreuz | 2003 bis 2004 | 32
Peter Krobbach | 1975 bis 1978 | 35
Thomas Kroth | 1982 bis 1985 | 76
Alexander Krük | 2008 bis 2009 | 1
Axel Kruse | 1991 bis 1993 | 71
Pawel Kryszałowicz | 2000 bis 2003 | 75
Fritz Kübert | bis 1965 | 1
Michael Künast | 1979 bis 1983 | 25

Dr. Peter Kunter | 1965 bis 1977 | 268
Alexander Kutschera | 1997 bis 2001 | 135
Léonard Kweuke | 2009 | 6
Sotirios Kyrgiakos | 2006 bis 2008 | 62

Srđan Lakić | 2013 bis 2014 | 32
Sam Lammers | seit 2021 | 22
Ludwig Landerer | bis 1966 | 28
Martin Lanig | 2012 bis 2015 | 44
Thomas Lasser | 1988 bis 1992 | 58
Georg Lechner | 1964 bis 1966 | 49
Thorsten Legat | 1994 bis 1995 | 31
Matthias Lehmann | 2011 bis 2012 | 28
Christopher Lenz | Seit 2021 | 18
Christian Lenze | 2004 bis 2006 | 18
Renato Levy | 1997 bis 1998 | 7
Stefan Lexa | 2003 bis 2006 | 61
Nikos Liberopulos | 2008 bis 2010 | 55
Hans Lindemann | 1969 bis 1971 | 16
Dieter Lindner | bis 1971 | 220
Heinz Lindner | 2015 bis 2017 | 3
Jesper Lindstrøm | seit 2021 | 39
Krešo Ljubičić | 2007 bis 2009 | 6
Werner Lorant | 1978 bis 1982 | 173
Alexander Lorenz | 1997 bis 1998 | 1
Bernd Lorenz | 1974 bis 1976 | 43
Markus Lösch | 2000 bis 2001 | 16
Stefan Lottermann | 1979 bis 1983 | 121
Oskar Lotz | 1965 bis 1969 | 118
Joachim Löw | 1981 bis 1982 | 29
Egon Loy | bis 1967 | 78
Friedel Lutz | bis 1966 + 1967 bis 1973 | 221

Alexander Madlung | 2014 bis 2015 | 42
Mehdi Mahdavikia | 2007 bis 2010 | 35
Vladimir Maljković | 2000 bis 2001 | 3
Evangelos Mantzios | 2008 | 10
Edi Martini | 1997 bis 1998 | 1
Omar Mascarell | 2016 bis 2018 | 45
Karim Matmour | 2011 bis 2013 | 54
Bodo Mattern | 1983 bis 1984 | 12
Slobodan Medojević | 2014 bis 2018 | 33
Sead Mehić | 1997 bis 1998 | 1
Alex Meier | 2004 bis 2018 | 377
Steffen Menze | 1996 | 12
Radmilo Mihajlović | 1993 bis 1994 | 11
David Mitchell | 1985 bis 1987 | 37
Jürgen Mohr | 1983 bis 1985 | 42
Andreas Möller | 1985 bis 1987 + 1990 bis 1992 + 2003 bis 2004 | 136
Frank Möller | 1991 bis 1994 | 20
David Montero | 2002 bis 2003 | 32
Ivica Mornar | 1995 bis 1996 | 19
Helmut Müller | 1973 bis 1982 | 178
Nicolai Müller | 2018 bis 2019 | 12

Uwe Müller | 1982 bis 1988 | 138
Volker Münn | 1986 bis 1988 | 33
Michael Mutzel | 1999 bis 2002 | 34

Norbert Nachtweih | 1977 bis 1982 + 1991 | 164
Vivaldo Nascimento | 2004 | 2
Evan N'Dicka | seit 2018 | 139
Peter Németh | 2001 bis 2002 | 15
Willi Neuberger | 1974 bis 1983 | 343
Bernd Nickel | 1967 bis 1983 | 522
Oka Nikolov | 1994 bis 2013 | 414
Henry Nwosu | 1998 bis 1999 | 4

Josef Obajdin | 1995 | 3
Oliver Occéan | 2012 bis 2013 | 19
Patrick Ochs | 2004 bis 2011 | 212
Bastian Oczipka | 2012 bis 2017 | 165
Jay Jay Okocha | 1992 bis 1996 | 112
Andersson Ordóñez | 2017 | 4
Yilmaz Örtülü | 2001 bis 2002 | 1
Norbert Otto | 1979 bis 1982 | 6
Aykut Özer | 2011 bis 2014 | 2

Gonçalo Paciência | 2018 bis 2020 + ab 2021 | 86
Jürgen Pahl | 1976 bis 1987 | 175
Jürgen Papies | 1970 bis 1971 | 29
Thomas Parits | 1971 bis 1974 | 84
Tore Pedersen | 1998 bis 1999 | 20
Zvezdan Pejović | 1996 bis 1997 | 16
Marek Penksa | 1992 bis 1996 | 28
Nikola Petković | 2009 bis 2010 | 9
Christian Peukert | 1979 bis 1980 | 1
Bruno Pezzey | 1978 bis 1983 | 181
Lucas Piazón | 2014 bis 2015 | 23
István Pisont | 1998 bis 1999 | 19
Björn Pistauer | 1988 bis 1989 | 2
Christoph Preuß | 2000 | 138
Markus Pröll | 2003 bis 2010 | 105
Jurica Puljiz | 2003 bis 2006 | 15

Heiko Racky | 1967 bis 1969 | 21
Karel Rada | 2000 bis 2002 | 40
Uwe Rahn | 1992 bis 1993 | 15
Diant Ramaj | seit 2021 | 1
Ralf Raps | 1981 bis 1982 | 1
Jens Rasiejewski | 1999 bis 2002 | 62
Rainer Rauffmann | 1995 bis 1996 | 32
Ante Rebić | 2016 bis 2019 | 99
Yanni Regäsel | 2016 bis 2018 | 11
Marko Rehmer | 2005 bis 2007 | 45
Peter Reichel | 1970 bis 1978 | 176
Thomas Reichenberger | 2000 bis 2001 | 47
Stefan Reinartz | 2015 bis 2016 | 17
Christopher Reinhard | 2004 bis 2007 | 38

Thomas Reis | 1992 bis 1995 | 18
Thomas Reubold | 1985 bis 1986 | 2
Timo Reuter | 1994 bis 1997 | 11
Dennis Rieth | 1983 bis 1984 | 3
Nico Rinderknecht | 2015 bis 2016 | 1
Sebastian Rode | 2010 bis 2014 + seit 2019 | 228 |
Thomas Rohrbach | 1970 bis 1975 | 158
Dietmar Rompel | 1988 bis 1989 | 5
Frederik Rønnow | 2018 bis 2020 | 20
Alexander Rosen | 1998 bis 2002 | 7
Jan Rosenthal | 2013 bis 2015 | 24
Marco Rossi | 1996 bis 1997 | 15
Dietmar Roth | 1987 bis 1997 | 319
Marco Russ | 2004 bis 2011 + 2013 bis 2020 | 327

Carlos Salcedo | 2017 bis 2018 | 31
Bachirou Salou | 1999 bis 2000 | 36
Josef Sarroca | 1985 bis 1986 | 36
Jonathan Sawieh | 1998 | 7
Domenico Sbordone | 1995 bis 1996 | 9
Lothar Schämer | bis 1973 | 256
Fred Schaub | 1978 bis 1980 | 27
Gordon Schildenfeld | 2011 bis 2012 | 35
Dieter Schlindwein | 1987 bis 1989 | 40
Dominik Schmidt | 2011 bis 2012 | 1
Edgar Schmitt | 1991 bis 1993 | 41
Ralf Schmitt | 2000 bis 2001 | 1
Sven Schmitt | 1996 bis 2001 | 5
Bernd Schneider | 1998 bis 1999 | 35
Uwe Schneider | 1998 bis 2000 | 16
Uwe Schreml | 1982 bis 1984 | 48
Stephan Schröck | 2013 bis 2014 | 10
Frank Schulz | 1987 bis 1989 | 57
Markus Schupp | 1995 bis 1996 | 32
Alexander Schur | 1996 bis 2006 | 251
Pirmin Schwegler | 2009 bis 2014 | 141
Eberhard Schymik | bis 1964 | 201
Haris Seferović | 2014 bis 2017 | 94
Ralf Sievers | 1982 bis 1990 | 225
Alessandro da Silva | 1992 bis 1993 | 1
André Silva | 2019 bis 2021 | 71
Antônio da Silva | 1997 bis 1998 | 1
Jae-won Sim | 2001 bis 2002 | 21
Gerd Simons | 1974 bis 1977 | 11
Lothar Sippel | 1989 bis 1992 | 79
Lothar Skala | 1977 bis 1978 | 18
Ervin Skela | 2001 bis 2004 | 99
Włodzimierz Smolarek | 1986 bis 1988 | 72
Thomas Sobotzik | 1994 bis 1995 + 1997 bis 2001 | 103
Wolfgang Solz | bis 1968 | 131
Djibril Sow | seit 2019 | 113
Giovanni Speranza | 2001 bis 2002 | 2
Christoph Spycher | 2005 bis 2010 | 149

Klaus-Peter Stahl | 1971 bis 1972 | 5
Erwin Stein | bis 1966 | 47
Uli Stein | 1987 bis 1994 | 273
Markus Steinhöfer | 2008 bis 2011 | 44
Marc Stendera | 2012 bis 2019 | 87
Dragoslav Stepanović | 1976 bis 1978 | 63
Dieter Stinka | bis 1966 | 51
Damir Stojak | 1998 bis 1999 | 9 |
Winfried Stradt | 1974 bis 1976 | 10
Albert Streit | 1999 bis 2003 + 2006 bis 2007 | 107
Dominik Stroh-Engel | 2005 bis 2006 | 3
Stefan Studer | 1988 bis 1993 | 157
Jan Svensson | 1983 bis 1986 | 100
Michael Sziedat | 1980 bis 1984 | 121
István Sztani | 1965 bis 1968 | 24

Naohiro Takahara | 2006 bis 2008 | 49
Shani Tarashaj | 2016 bis 2017 | 15
Taleb Tawatha | 2016 bis 2019 | 40
Selim Teber | 2009 bis 2010 | 32
Klaus Theiss | 1985 bis 1987 | 44
Michael Thurk | 2006 bis 2008 | 47
Hans Tilkowski | 1967 bis 1970 | 49
Marcel Titsch-Rivero | 2009 bis 2012 | 2
Cezary Tobollik | 1983 bis 1985 | 44
Dino Toppmöller | 2002 bis 2003 | 16
Lucas Torró | 2018 bis 2020 | 24
Faton Toski | 2006 bis 2010 | 28
Cenk Tosun | 2009 bis 2011 | 1
Almamy Touré | seit 2019 | 72
Kevin Trapp | 2012 bis 2015 + seit 2018 | 256
Wolfgang Trapp | 1972 bis 1981 | 69
Martin Trieb | 1982 bis 1986 | 93
Horst Trimhold | 1963 bis 1966 | 81
Gert Trinklein | 1967 bis 1978 | 264
Juvhel Tsoumou | 2008 bis 2010 | 10
Jean-Clotaire Tsoumou-Madza | 2002 bis 2004 | 45
Janusz Turowski | 1986 bis 1991 | 125
Tuta | 2019 + seit 2020 | 58
Hans-Georg Tutschek | 1964 bis 1965 | 7
Giorgos Tzavelas | 2010 bis 2012 | 30

Dieter Ungewitter | 1971 bis 1972 | 7

Nelson Valdez | 2014 bis 2015 | 11
Jesús Vallejo | 2016 bis 2017 | 27
Arie van Lent | 2004 bis 2006 | 47
Guillermo Varela | 2016 bis 2017 | 10
Aleksandar Vasoski | 2005 bis 2011 | 119
Matheus C. Vivian | 2002 bis 2003 | 2

Albrecht Wachsmann | 1969 bis 1970 | 3

Hans-Dieter Wacker | 1977 bis 1979 | 1
David Wagner | 1990 bis 1991 | 1
Gerhard Wagner | 1969 bis 1970 | 5
Walter Wagner | 1970 bis 1971 | 11
Luca Waldschmidt | 2013 bis 2016 | 17
Joachim Weber | 1970 bis 1971 | 4
Ralf Weber | 1989 bis 2001 | 258
Richard Weber | bis 1966 | 32
Roland Weidle | 1971 bis 1978 | 248
Uwe Weigert | 1978 bis 1979 | 1
Josef Weilbächer | bis 1965 | 4
Tobias Weis | 2014 | 5
Markus Weissenberger | 2004 bis 2008 | 85
Lars Weißenfeldt | 2002 bis 2004 | 11
Michael Wenczel | 2001 bis 2003 | 7
Rüdiger Wenzel | 1975 bis 1979 | 162
Christoph Westerthaler | 1998 bis 2000 | 50
Andree Wiedener | 2002 bis 2006 | 86
Felix Wiedwald | 2013 bis 2015 + 2018 bis 2020 | 19
Günter Wienhold | 1972 bis 1978 | 89
Jetro Willems | 2017 bis 2019 + 2020 bis 2021 | 64
Gerd Wimmer | 2000 bis 2002 | 55
Karl-Heinz Wirth | 1965 bis 1973 | 162
Manfred Wirth | 1965 bis 1973 | 11
Dirk Wolf | 1991 bis 1995 + 1997 bis 1998 | 74
Marius Wolf | 2017 bis 2018 | 38
Frank Würzburger | 1986 bis 1987 | 1

Chen Yang | 1998 bis 2002 | 99
Anthony Yeboah | 1990 bis 1995 | 156
Amin Younes | 2020 bis 2021 | 28

Carlos Zambrano | 2012 bis 2016 | 116
Thomas Zampach | 1997 bis 2000 | 70
Kachaber Zchadadse | 1993 bis 1997 | 87
Ned Zelic | 1995 bis 1996 | 17
Claus-Peter Zick | 1979 bis 1981 | 2
Jan Zimmermann | 2005 bis 2010 + 2017 bis 2020 | 5
Stefan Zinnow | 1998 bis 2001 | 3
Steven Zuber | 2020 bis 2021 | 23

(Stand 30. Juni 2022)
Noch mehr Informationen zu den insgesamt 490 Spielern, die seit Einführung der Fußball Bundesliga 1963 für die Eintracht in mindestens einem Pflichtspiel auf dem Platz standen, gibt es unter:

eintracht-archiv.de
fussballdaten.de
weltfussball.de

DANKSAGUNG

Wem soll man Danke sagen, dafür, dass man als Frankfurter Bub, der die Eintracht-Liebe mit der Muttermilch aufgesogen hat, jetzt 60 Eintracht-Legenden aus 60 Jahren Fußball-Bundesliga zusammentragen darf?

Klar: Mutter und Vater, die den mit 16 Jahren gerade mal 1,72 m großen Sprößling mit seiner 4-Meter-Fahne haben zur Endstation der Linie 21 in Schwanheim trotten lassen. Mit einem hastigen Blick in Richung »Kampfbahn«, wo sich gerade der Fanclub Adler gegründet hat – reingehen erschien damals noch eher übermütig.

Den Freunden, mit denen mitten im G-Block-Freudentaumel 1980 tränenreich der UEFA-Cup-Sieg hinuntergespült wurde. Heimkehr: Weit nach Mitternacht des übernächsten Tages.

Meinen Jungs Marius, Julian und Niklas, die nicht müde wurden, meine alten Eintracht-Geschichten immer und immer wieder anzuhören bis sie endlich selbst den Pokalsieg gegen die Bayern und den Europa League-Sieg gegen die Rangers feiern konnten.

Meinen Mädchen Dana, Laura und Kim, die sich immer, wenn die Eintracht kickte und kickt, in echte Kerle verwandeln.

Meiner weitaus besseren Hälfte, die es als Gelsenkirchener Mädchen seit so langer Zeit lächelnd erträgt, dass der Rest der Familie immer, wenn sie »Blau und weiß wie lieb ich dich« anstimmt, mit »Im Herzen von Europa« stimmgewaltig dagegenhält.

Peter Fischer, der mir 2000 die Möglichkeit gab, meiner Eintracht beruflich ganz nah zu sein.

Eintracht Frankfurt selbst, der Diva, der man nur hoffnungslos verfallen kann.

Julia Lübbecke und Julia Desch aus dem Societäts-Verlag, die am guten Ton (JL) und am guten Bild (JD) maßgeblichen Anteil haben, und der Verlagsleitung – Bianca Haag und Björn Lauer –, die die Legenden auf die Schiene gebracht haben.

Schließlich allen, die gesammelt, aufgeschrieben und zugänglich gemacht haben, was am Ende neu sortiert und aufbereitet, 60 Jahre Fußball-Bundesliga ausmacht. Last but not least Frank Gotta und anderen fürs aufmerksame Hinschauen.

BILDNACHWEIS

IMAGO / Sven Simon: S. 8/9, 32/33, Umschlag
IMAGO / Thomas Zimmermann: S. 11, Umschlag
IMAGO / Revierfoto: S. 12/13, Umschlag
IMAGO / Pressefoto Baumann: S. 14/15, 36/37, 46/47, 74/75
IMAGO / Ferdi Hartung: S. 18/19, 24/25, 44/45, 56/57, 62/63, 64/65, 70/71, 76/77, 86/87, 90/91, 108/109, 110/111
IMAGO / Kicker/Metelmann: 20/21
IMAGO / Werner Otto: S. 26/27, 80/81
IMAGO / HJS: S. 28/29
IMAGO / HMB-Media: S. 29
IMAGO / WEREK: S. 40/41
IMAGO / Fred Joch: S. 50/51
IMAGO / Horstmüller: S. 52/53, 68/69
IMAGO / Kicker/Eissner: S. 58/59
IMAGO / Rust: S. 82/83
IMAGO / Kicker/Eissner, Liedel: S. 91/93, 96/97, 98/99
IMAGO / Sportfoto Rudel: S. 102/103
IMAGO / Alfred Harder: S. 104/105, 114/115, 120/121, 122/123
IMAGO / Fishing 4: S. 116/117
IMAGO / Team 2: S. 126/127, 140/141
IMAGO / Camera 4: S. 128/129
IMAGO / Schüler: S. 132/133
IMAGO / ActionPictures: S. 134/135
Heiko Rhode: S. 138, 145, 147, 150/151, 152/153, 156/157, 158/159, 162/163, 165, 168/169, 170/171, 174/175, 177, 180/181, 182/183, 186, 189, 192/193, 194/195, 198/199

**Außergewöhnlich persönlich:
Sabine & Gerhard Grohs.**

Katharina-Paulus-Straße 2
65760 Eschborn · 06196 / 77940-0
info@kuechenatelier-grohs.de
www.kuechenatelier-grohs.de

RADSPORTHAUS KRIEGELSTEIN GmbH

MEISTERBETRIEB SEIT 1925

Vereinbaren Sie Ihre persönliche E-Bike-Beratung.

Hofheimer Str. 5
65931 FFM–Zeilsheim
Telefon 069 / 36 52 38
www.radsporthaus-kriegelstein.de